# 아이주도이유식
## 레시피북

## 감수 양미영

숙명여자대학교와 동 대학원에서 식품영양학을 전공했다. 아동요리지도자, 요리치료사, 영양사 외 다양한 자격을 취득했고 서울덕수초등학교 특수학급 요리강사, 제주신창중학교 요리강사 등 아동요리 분야에서 다양한 활동을 이어가고 있다.

---

### 아이주도이유식 레시피북
: 진짜 잘 먹는 아이로 키우고 싶은 부모를 위한

**초판 발행** 2017년 5월 15일
**개정판 발행** 2022년 6월 1일

**지은이** 이상이 / **감수** 양미영 / **펴낸이** 김태헌
**총괄** 임규근 / **책임편집** 권형숙 / **편집** 김희정, 윤채선 / **교정교열** 박성숙 / **디자인** 원더랜드
**사진 모델** 허온우, 이온유, 김동현, 김도하, 에디 / **사진 제공** 박유리, 박수련, 안진희, 이상이 / **사진 촬영** 율스튜디오
**영업** 문윤식, 조유미 / **마케팅** 신우섭, 손희정, 박수미 / **제작** 박성우, 김정우

**펴낸곳** 한빛라이프 / **주소** 서울시 서대문구 연희로2길 62
**전화** 02-336-7129 / **팩스** 02-325-6300
**등록** 2013년 11월 14일 제25100-2017-000059호 / **ISBN** 979-11-90846-41-7 14590 / 979-11-88007-03-5(세트)

한빛라이프는 안빛미니어(수)의 실봉 브랜드로 우리의 일상을 환히 비추는 책을 펴냅니다.

이 책에 대한 의견이나 오탈자 및 잘못된 내용에 대한 수정 정보는 한빛미디어(주)의 홈페이지나 아래 이메일로 알려주십시오.
잘못된 책은 구입하신 서점에서 교환해 드립니다. 책값은 뒤표지에 표시되어 있습니다.
**한빛미디어 홈페이지** www.hanbit.co.kr / **이메일** ask_life@hanbit.co.kr
**한빛라이프 페이스북** facebook.com/goodtipstoknow / **포스트** post.naver.com/hanbitstory

Published by HANBIT Media, Inc. Printed in Korea
Copyright © 2022 이상이 & HANBIT Media, Inc.
이 책의 저작권은 이상이와 한빛미디어에 있습니다.
저작권법에 의해 보호를 받는 저작물이므로 무단 복제 및 무단 전재를 금합니다.

지금 하지 않으면 할 수 없는 일이 있습니다.
책으로 펴내고 싶은 아이디어나 원고를 메일(writer@hanbit.co.kr)로 보내주세요.
한빛라이프는 여러분의 소중한 경험과 지식을 기다리고 있습니다.

진짜 잘 먹는 아이로 키우고 싶은 부모를 위한

# 아이주도이유식 레시피북

루다맘 이상이 지음

한빛라이프

**개정판**

**Prologue**

# 보다 간편한 이유식을 위해

어느덧 《아이주도이유식 레시피북》을 펴낸 지 5년이란 시간이 흘렀습니다. 5년 전만 해도 다소 생소하게 여겨졌던 아이주도이유식이 이제는 꽤 많은 부모님의 관심을 받는 이유식 방법 중 하나로 자리 잡았습니다. 저 또한 그사이 둘째가 태어나 이유식을 다시 시작하며 처음 아이가 먹는 이유식의 중요성을 깨달았고, 동시에 이유식 만들기와 먹이기의 어려움을 또 한 번 느꼈습니다. 특히 아이 한 명이 늘자 신경 쓸 일이 더 많아져 이유식 만들 시간을 따로 내는 게 여간 힘든 일이 아니었습니다. 그래서 고민했습니다. 어떻게 하면 더 쉽고 빠르게 이유식을 만들 수 있을까?

이번 개정판에서는 바쁜 부모님들이 비교적 만들기 수월하면서 아이도 좋아하는 이유식이 될 수 있도록 다음 몇 가지에 초점을 두었습니다.

첫째, 초판에서 소개한 요리 중 시간이 오래 걸리는 요리는 빼고 간단한 재료를 이용해 빠르게 만들 수 있는 요리를 추가했습니다.

둘째, 기존 레시피에 에어프라이어를 이용해 보다 빠르고 간편하게 조리할 수 있는 방법을 추가했습니다.

셋째, 계량컵과 계량스푼으로만 제시했던 재료 용량을 그램(g)과 계량컵을 병행해 편의에 맞게 계량할 수 있도록 했습니다.

이번 개정판이 바쁜 부모님들에게 조금이나마 도움이 되고 아이에게 즐거운 이유식 경험을 선사하길 바랍니다.

**Prologue**

## 먹는 즐거움을 깨닫게 해주는
# 아이주도이유식

아이가 처음으로 이유식을 먹던 날의 마음 벅찬 감동을 기억합니다. 태어나서 지금까지 모유, 분유만 먹던 아이가 숟가락으로 주는 음식을 받아먹는 모습에 아이가 한층 더 성장한 것 같아 뿌듯했지요. 이유식 만드는 도구와 책을 구입하고 정성스레 이유식을 만들어 먹이기 시작했습니다. 그러나 재료 손질부터 만들기까지 몇 시간에 걸쳐 이유식을 준비했지만 아이가 먹는 양은 좀처럼 늘지 않았고, 급기야는 이유식을 거부하는 시기가 왔습니다. 뭘 줘도 먹으려 하지 않고 떠먹여주려 하면 숟가락을 뺏어가기 일쑤였지요. 그래서 어느 날 집에 있는 채소를 스틱 형태로 잘라 쪄주었습니다. 그러자 정말 신기하게도 아이가 너무나 즐거워하며 채소 스틱을 먹기 시작했습니다. 저의 아이주도이유식은 이렇게 시작되었어요.

이 책을 보는 엄마들도 저와 같은 마음일 거라 생각합니다. 아이가 죽이유식을 거부해서, 죽이유식 준비가 힘들어서, 아이가 식재료 고유의 맛과 질감을 느끼게 해주고 싶어서 등 각기 다른 이유로 아이주도이유식을 시작하게 되었을 겁니다. 사실 지금까지는 죽이유식이 당연한 듯 여겨졌고 아이주도이유식이라는 개념이 알려진 건 그리 오래되지 않았습니다. 그래서 아이주도이유식과 관련한 레시피를 찾기도 어려운 게 사실입니다.

저 또한 아이주도이유식을 하며 충분치 않은 레시피에 어려움을 겪었습니다. 이 책은 전문 요리 서적이 아닙니다. 따라 하기 힘들고 시간이 오래 걸리는 레시피는 없습니다. 오히려 이렇게 쉽고 간단한 걸 요리책에 넣었나 하는 생각이 들 수도 있습니다. 하지만 아이주도이유식을 해본 결과 중요한 건 어렵고 화려한 레시피가 아니라 쉽고 빨리 만들 수 있는 아이디어였습니다.

이 책에서는 아이주도이유식 초기부터 후기까지 시기별로 아이에게 먹이면 좋은 재료를 소개하고 함께 먹이면 좋은 다른 재료에 대한 정보를 실었습니다. 그리고 초기, 중기, 후기 식단을 짤 때 참고할 수 있도록 아이주도이유식을 활용한 식단의 예를 시기별로 정리했습니다.

큰 기대를 하며 아이주도이유식을 시작했다가 처음엔 실망할 수도 있습니다. 반은 뱉어내고 반은 떨어뜨리는 것 같아 아이가 잘 먹고는 있는지 의심이 들 수도 있고 포기하고 싶을 때도 있습니다. 하지만 아이를 믿어주세요. 엄마가 할 일은 아이를 믿고 음식을 주는 것입니다. 시간이 지나면서 점점 뱉는 횟수가 줄어들고 먹는 양이 늘어나는 게 보일 거예요. 꾸준히 아이주도이유식을 한 결과 저희 아이는 음식을 비교적 고르게 잘 먹는 아이가 되었답니다. 가장 좋아하는 간식은 당근 스틱이에요. 이게 다 포기하지 않고 아이주도이유식을 하며 재료 본연의 맛을 느끼게 해주었기 때문이라 생각합니다. 먹는 것이 즐거운 일이라는 걸 깨닫게 해준 결과이기도 합니다.

이 책을 읽는 모든 엄마의 이유식 준비가 조금이나마 쉬워지고 아이들이 이유식 시간을 즐거워하기를 바라며 글을 마칩니다.

루다맘 이상이

# 이 책을 보는 방법

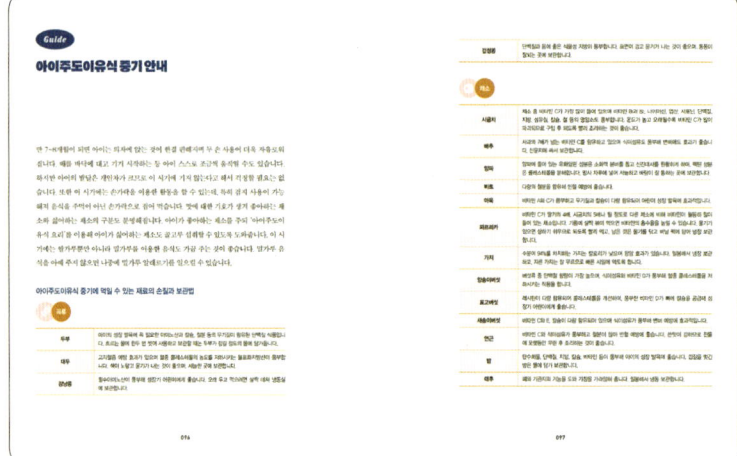

### 아이주도이유식 특징 · 시행 방법

1장에서는 아이주도이유식의 특징과 시행 방법에 대해 공부할 수 있어요. 《아이주도이유식(한빛라이프)》과 함께 보면 좋아요.

### 시기별 한 달 식단

초기, 중기, 후기 – 시기별로 한 달 치 식단을 예시로 수록했습니다. 식단을 짤 때 활용해보세요.

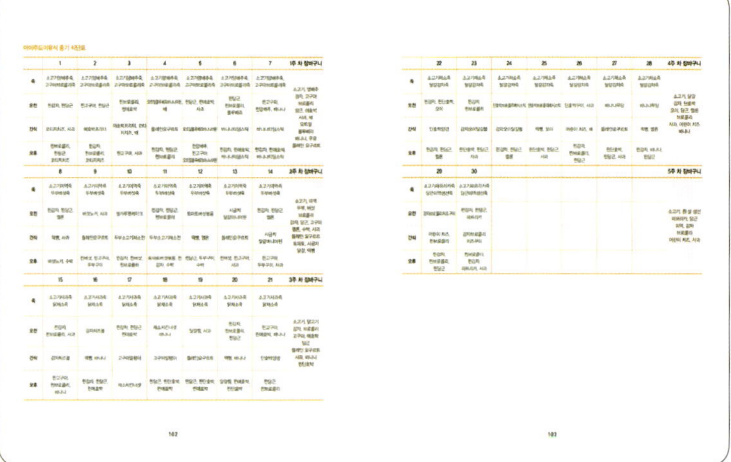

### 일러두기

- 물 1컵의 기준은 250mL입니다.
- 계량컵이 없을 경우, 젖병을 활용하면 계량이 쉽습니다.
- 저울을 사용하면 계량이 정확해집니다.
- 밀가루가 들어간 음식을 먹이기 전에 밀가루 알레르기 테스트를 해보는 게 좋아요. 죽이유식이나 다른 음식을 만들 때 밀가루를 한 꼬집 정도 넣어 이상 반응을 확인한 뒤 괜찮으면 밀가루를 사용한 요리를 주면 됩니다.
- 채소는 특별한 언급이 없으면 모두 중간 크기를 사용합니다.
- 이 책에 나오는 아이주도이유식 요리 대부분은 2~3인이 같이 먹을 수 있는 양입니다. 요리 일부를 가족 식사에 활용해보세요.
- 식용유라고 표시되어 있는 경우 포도씨유, 올리브유 등 요리용 오일이라면 어떤 것을 사용해도 괜찮습니다.

### 팁
요리할 때 기억해야 할 점, 재료 손질 시 주의할 점, 음식을 먹일 때 알아두면 좋은 점 등을 팁으로 정리했습니다.

### 건강한 아이주도이유식 레시피
채소 스틱 같은 아이주도이유식의 기본 레시피는 물론 다양한 식재료를 이용해서 아이와 즐길 수 있는 레시피를 소개합니다. 모든 레시피, 재료 설명은 아동영양사의 감수를 받았습니다.

### 응용 레시피
같은 재료로 어른용 요리를 만드는 방법, 혹은 재료를 살짝 변형해 다른 아이주도이유식을 만드는 방법을 소개합니다.

### 이유식 특징
해당 아이주도이유식의 대표적인 좋은 점, 특징을 소개합니다.

---

### 부록 1. 아이주도이유식 체험기
아이주도이유식을 먼저 경험한 엄마들의 소중한 체험기를 만날 수 있어요. 아이주도이유식 시행 전 고민되는 부분이 있다면 체험기에서 답을 찾을 수 있을 거예요.

### 부록 2. 요리 찾아보기
책에 수록된 요리를 가나다순으로 정리해서 요리명으로 찾아보기 편해요.

## 차례

프롤로그(개정판) ................................................. 4
프롤로그 ................................................................. 6
이 책을 보는 방법 ............................................... 8

### Chapter 1
### 아이주도이유식이 궁금해

01 아이주도이유식은 어떤 이유식인가? .................................................. 18
02 죽이유식과 아이주도이유식, 언제 시작해야 할까? ..................... 20
03 이유식 기간의 수유와 영양 ........................................................................ 22
04 아이주도이유식과 아이의 신체 발달 ..................................................... 27
05 아이주도이유식의 장점 ................................................................................. 28
06 아이주도이유식을 진행할 때 주의할 점 .............................................. 31
07 아이주도이유식에 필요한 도구 ................................................................ 36

### Chapter 2
### 아이주도이유식의 기본_채소 스틱

01 조리해서 먹는 채소 스틱과 과일, 육류 .............................................. 40
닭고기스틱 / 소고기스틱 / 가지스틱 / 감자스틱 / 고구마스틱 / 단호박스틱 / 당근스틱 / 버섯스틱
브로콜리스틱 / 애호박스틱 / 콜리플라워스틱
02 조리하지 않고 먹는 채소 스틱과 과일 ................................................ 45
오이스틱 / 셀러리스틱 / 피프리가스딕

### Chapter3
### 아이주도이유식 초기 레시피_6개월

01 아이주도이유식 초기 안내 ......................................................................... 48
02 아이주도이유식 초기 식단 ......................................................................... 51
03 아이주도이유식 초기 레시피

감자당근매시스틱
54

단호박브로콜리매시스틱
56

단호박쌀가루볼
58

소고기완두콩스틱
60

고구마사과구이
62

고구마티딩러스크
64

당근설기
66

당근쌀국수
68

바나나티딩러스크
70

사과티딩러스크
72

쌀가루식빵
74

쌀빵티딩스틱
76

소고기굴림만두
78

아기배숙
80

쌀미음
82

감자미음 / 고구마미음
84

단호박미음
86

애호박미음
88

브로콜리감자수프
90

사과퓨레 / 완두콩퓨레
92

## Chapter4
### 아이주도이유식 중기 레시피_7~8개월

01  아이주도이유식 중기 안내 　　　　　　　　　　　　　　96
02  아이주도이유식 중기 식단 　　　　　　　　　　　　　　99
03  아이주도이유식 중기 레시피

가지전
104

감자버섯전 · 당근전 · 브로콜리전 106

감자브로콜리치즈구이
108

감자시금치케이크
110

감자오이달걀볼
112

감자치즈볼
114

고구마두부브로콜리볼
116

고구마말랭이
118

고구마채소볼
120

고구마치즈볼
122

단호박양갱
124

달걀과자
126

달걀찜
128

당근오트밀프리터
130

두부구이
132

두부소고기채소전
134

바나나푸딩
136

버섯뇨키
138

브로콜리치즈감자그라탱
140

사과푸딩
142

시금치달걀미니머핀
144

쌀가루팬케이크
146

아기달걀찐빵
148

아보카도배아이스크림
150

애호박프리터
152

에그그라탱
154

오트밀블루베리
바나나머핀 156

채소치킨너겟
158

퀴노아달걀말이
160

토마토버섯볶음
162

대추차
164

코티지치즈
166

달걀감자죽
168

당근미역생선죽
170

두부브로콜리죽
172

소고기죽 · 닭고기죽
174

치킨누들수프
176

## Chapter5
### 아이주도이유식 후기 레시피_9~11개월

01　아이주도이유식 후기 안내　　　　　　　　　　　　　　180
02　아이주도이유식 후기 식단　　　　　　　　　　　　　　183
03　아이주도이유식 후기 레시피

감자달걀샐러드볼
188

감자양파오믈렛
190

감자피자
192

게살케이크
194

고구마분유쿠키
196

고구마피자
198

귤푸딩
200

단호박구이
202

단호박찐빵
204

당근케이크
206

동그랑땡
208

두부과자티딩스틱
210

렌틸콩전
212

미트볼
214

버섯애호박전
216

브로콜리키시
218

브로콜리토츠
220

블루베리머핀
222

비트쌀국수
224

사과머핀
226

삼색주먹밥
228

새우채소완자
230

소고기애호박전
232

소고기밥전
234

소고기브로콜리콩나물무른밥/
양배추당근콩나물무른밥 236

소고기파전
238

시금치파스타
240

시금치프리타타
242

아스파라거스달걀말이
244

아보카도치즈퀘사디아
246

어린이식빵
248

연어케이크
250

옥수수빵
252

요구르트스콘
254

치킨핑거
256

콩국수
258

두부마요네즈
260

사과잼
262

어린이맥앤치즈
264

어린이버터
266

어린이케첩
268

페스토소스
270

프렌치토스트
272

토마토달걀파스타
274

당근사과스무디
276

아보카도바나나스무디
278

아이주도이유식 체험기　　　　　　　　　　　　　　280
요리 찾아보기(가나다순)　　　　　　　　　　　　　286

# Chapter 1
### 아이주도이유식이 궁금해

아이주도이유식은 어떤 이유식인가?
죽이유식과 아이주도이유식, 언제 시작해야 할까?
이유식 기간의 수유와 영양
아이주도이유식과 아이의 신체 발달
아이주도이유식의 장점
아이주도이유식을 진행할 때 주의할 점
아이주도이유식에 필요한 도구

# 아이주도이유식은
# 어떤 이유식인가?

신생아는 모유나 분유만으로 필요한 영양을 충분히 섭취할 수 있습니다. 그러나 만 6개월 이후에는 엄마로부터 받아 체내에 저장되어 있던 철분 및 여러 영양분이 부족해지기 때문에 모유나 분유만으로는 성장 발달에 필요한 영양을 충분히 공급받지 못합니다. 철분이 부족하면 식욕과 면역력이 떨어지고 성장 발달이 늦어집니다. 그래서 모유나 분유만으로는 부족한 영양분을 섭취하기 위해 액체가 아닌 고체로 된 음식을 먹는 연습을 하는 이유식을 시작합니다. 우리나라에서는 대개 쌀미음으로 이유식을 시작하지요.

### 아이주도이유식이란?

==아이주도이유식이란 말 그대로 엄마가 아이에게 먹여주는 수동적인 형태의 스푼피딩(spoon-feeding)이 아니라 아이 스스로 음식을 집어 먹는 셀프피딩(self-feeding) 형태의 이유식을 말합니다.== 영어로 Baby-led Weaning, 간단하게 BLW라고 부르지요. 아이주도이유식이 우리나라에 소개된 지는 오래되지 않았습니다. 그래서 아직 많이 알려지지 않은 것도 사실입니다. 하지만 아이주도이유식을 경험해본 엄마들은 모두 "아이주도이유식을 시도하길 잘했다"고 입을 모아 이야기합니다.
왜 그럴까요?
아이주도이유식은 아이의 본능을 충족시켜주기 때문입니다. 아이는 태어나서 몇 개월이 지나면 조금씩 주변의 사물에 관심을 가지기 시작합니다. 자신의 주먹부터 시작해 자신의 발, 부모의 손등을 주의 깊게 살피며 관심을 보입니다. 그런 다음 사물을 입으로 탐색하는 '구강기'가 시작됩니다.

구강기는 프로이트가 제안한 발달 단계 중 첫 단계로 출생부터 약 1년 반까지를 이르는 말입니다. '구강기'는 말 그대로 입, 입술, 혀, 잇몸과 같은 구강 주위의 자극으로부터 아이가 쾌감을 느끼는 시기인데, 이때 구강 주위에 자극을 받으면 본능적인 에너지가 방출되고 긴장이 해소된다고 합니다. 즉, 빨고, 씹고, 깨무는 행동이 아이에게 쾌감을 주는 중요한 원천이 되는 거지요. 이 시기 아이는 음식뿐만 아니라 눈에 보이는 모든 것을 일단 입으로 가져가 탐색하려는 행동을 반복합니다.

수동적인 죽이유식만으로는 이러한 아이의 본능을 충족시켜줄 수 없습니다. 그러나 아이가 삶은 채소나 과일, 엄마가 정성스럽게 준비한 고형 음식을 만져보고 탐색하고 깨물어보고 씹어보게 하는 아이주도이유식은 아이의 본능을 충족시켜줍니다.

# 죽이유식과 아이주도이유식, 언제 시작해야 할까?

일반적으로 분유를 먹는 아이는 만 4개월, 모유를 먹는 아이는 만 6개월에 이유식을 시작하라고 권장합니다. 이유식을 너무 빨리 시작하거나 너무 늦게 시작해도 알레르기가 증가합니다. 만 4개월 이전 아이는 소화 기능이 미숙해 단백질이 분해되지 않고 그대로 흡수되기 때문에 알레르기가 생기기 쉽습니다. 반대로 이유식을 만 6개월이 지나 너무 늦게 시작하면 덩어리진 음식을 거부하고 모유나 분유만 고집하기도 해 고형식을 먹이기가 힘들 수 있습니다.

그렇다면 미음이나 죽 형태의 이유식이 아닌 아이주도이유식은 언제 시작하는 것이 좋을까요? 아이주도이유식은 만 6개월에 시작하기를 권장합니다. 보통 아이주도이유식을 하면서 아이가 가장 많이 접하는 음식이 삶은 채소인데, 죽 형태가 아니기 때문에 만 4개월에는 음식을 쥐는 힘이나 음식을 먹을 수 있는 능력이 다소 부족할 수 있습니다. 이유식을 시작하는 시기는 아이마다 다를 수 있습니다. 발육 상태나 아토피 피부염 등의 문제로 이유식 시기가 빨라지거나 느려질 수 있고 이유식을 시작해도 아이가 거부할 수도 있습니다. 이유식을 만 6개월 이전에 시작해야 하는 아이라면 먼저 미음과 퓨레, 죽으로 시작해보세요. 그러다 만 6개월이 되면 삶은 채소부터 진행하면 됩니다.

아무것도 첨가하지 않은 삶은 채소라도 너무 일찍 시작하면 알레르기를 유발할 수 있습니다. 또한 아이주도이유식을 하면 죽이유식을 아예 먹이지 않는다고 생각하는 분이 많은데, 쌀이 주식인 우리나라에서 만 6개월 이전에 이유식을 시작해야 하거나 만 6개월은 넘었지만 삶은 채소라는 큰 고형식을 처음부터 주는 것이 걱정된다면, ==쌀미음부터 시작해서 죽이유식을 하다가 고형식으로 넘어가거나 죽이유식과 고형식을 병행하는 것도 좋습니다.== 아이가 고형식을 받아늘일 준비를 하는 데 도움이 되고, 부모도 기존 이유식과 다른 아이주도이유식에 대한 부담을 덜 수 있습니다.

### 이유식을 받아들일 준비가 되었다는 신호

아이마다 성장 속도가 다르기 때문에 언제 이유식을 시작해야 한다고 단정지어 말하기는 어렵습니다. 그러나 아이가 다음과 같은 신호를 보인다면 이유식을 시작해도 된다고 생각해도 좋습니다.

- ☐ 가족이 음식을 먹을 때 관심을 보인다.
- ☐ 아이 앞에 음식이 있으면 앞쪽으로 기대며 입을 벌린다.
- ☐ 똑바로 앉을 수 있다.
- ☐ 앉아서 머리를 똑바로 지탱할 수 있다.
- ☐ 손으로 음식을 잡을 수 있다.
- ☐ 스스로 음식을 입에 집어넣기 시작한다.

아이주도이유식은 위의 6가지 신호 중 세 번째부터 여섯 번째까지의 신호가 확실히 보이면 시작해볼 수 있습니다.

# 이유식 기간의 수유와 영양

미국소아과학회는 이유식을 진행하는 12개월에도 모유 수유를 할 것을 권하고 있으며 세계보건기구(WHO)에서는 만 2세까지도 모유 수유를 권장합니다. 그 이후로도 엄마가 더 먹이고 싶다면 먹여도 됩니다. 우리나라 소아청소년과에서는 이유식을 시작했더라도 첫돌까지는 모유나 분유 수유를 계속하기를 권합니다. 아이가 이유식을 통해 채소를 많이 먹는다 하더라도 첫돌까지의 주식은 모유나 분유입니다. 채소는 모유나 분유로는 부족한 영양분을 채워주는 부식입니다.

아이가 이유식을 잘 먹는다면 첫돌이 가까워질수록 모유나 분유를 먹는 양과 횟수가 줄어들고 이유식을 먹는 양이 더 늘어납니다. 죽이유식과 아이주도이유식 중 어떤 이유식을 하든 처음 시작할 때는 수유량과 이유식의 양 조절이 힘들게 느껴질 수 있습니다. 그러나 아이주도이유식의 경우 엄마가 삶은 채소 및 과일, 조리된 음식 등을 해주기만 하면 아이가 알아서 먹고 싶은 만큼 먹으면서 양을 조절합니다.

다음은 월령별 모유(또는 분유) 수유의 표준 횟수 및 분량입니다. 앞에서도 언급했듯이 아이마다 성장 발달 속도가 다르기 때문에 표준 양과 우리 아이가 먹는 양이 다를 수 있습니다. 하지만 월령이 높아질수록 수유 횟수를 점점 줄이면서 이유식을 더 많이 먹을 수 있도록 도와주는 것이 좋습니다.

**월령별 모유(또는 분유) 수유 횟수**

| 월령 | 수유 횟수 | 수유량 | 이유식 | 간식 |
|---|---|---|---|---|
| 1개월 이전 | 6~10회 | 60~120mL | X | X |
| ~4개월 | 5~6회 | 120~180mL | X | X |
| 6개월 | 5~6회 | 150~200mL | 하루 2회 | X |
| 8개월 | 4~5회 | 150~210mL | 하루 2회 | 하루 1회 |
| ~12개월 | 3회 | 210~240mL | 하루 3회 | 하루 2회 |

★ 만 6개월 이전에 이유식을 시작하는 경우 이유식 횟수는 하루에 1회면 충분하고, 만 6개월부터 이유식을 2회로 늘리면 됩니다.

주의할 점은 이유식을 아무 때나 주지 말고 가능하면 정해진 시간에 주어야 한다는 것입니다. 예를 들어 이유식을 하루에 2회 먹이는 경우 오전 10시와 오후 6시, 3회 먹이는 경우 오전 10시, 정오, 오후 6시 등으로 시간을 정해놓고 먹이는 것이 좋습니다. 정확히 몇 시에 먹여야 한다고 정해진 것은 아니므로 아이의 컨디션과 배고파하는 시간 등을 보고 엄마가 이유식 시간을 정하면 됩니다.

## 이유식 시작 전 음식에 들어 있는 영양소 알아보기

누구나 영양소를 골고루 섭취해야 건강한 생활을 할 수 있습니다. 특히 성장기 아이에게는 균형이 잘 잡힌 식단을 제공하는 것이 무엇보다 중요합니다. 몸에 필요한 영양소는 무엇이고 어떤 식품이 어떤 영양소를 갖고 있는지 알아둔다면 아이에게 좋은 식단을 제공하는 데 더욱 도움이 될 것입니다.

건강한 생활을 하기 위해 반드시 섭취해야 하는 영양소는 탄수화물, 단백질, 지방, 무기질, 비타민입니다. 탄수화물, 단백질, 지방은 에너지의 주된 영양원이며, 무기질과 비타민은 에너지원은 아니지만 생리적 기능을 조절하는 데 반드시 필요한 영양소입니다. 이러한 영양소들의 역할과 풍부한 식품군은 다음과 같습니다.

## 영양소별 음식 알아보기

| 영양소 | | 역할 | 해당 영양소가 풍부한 식품 |
|---|---|---|---|
| 탄수화물 | | 탄수화물은 우리 몸의 에너지를 만드는 주된 열량 영양소입니다. 특히 뇌 활동에 꼭 필요한 것이 탄수화물에 들어 있는 포도당으로, 뇌가 자라는 시기인 아이들에게 매우 중요한 영양소입니다. | 쌀·보리·밀 등의 곡류, 국수, 과자, 떡, 빵, 밀가루, 옥수수, 감자, 고구마 |
| 단백질 | | 단백질은 몸을 만드는 매우 중요한 성분입니다. 근육, 내장, 뼈, 피부 등이 단백질로 이루어져 있기 때문에 성장기 아이들에게는 단백질 섭취가 특히 중요합니다. | 콩, 두부, 두유, 소고기, 돼지고기, 닭고기, 생선, 조개, 굴, 우유, 달걀, 치즈, 퀴노아, 완두콩, 병아리콩, 렌틸콩 |
| 지방 | | 지방은 뇌와 신경세포를 구성하는 주요 성분으로 모든 세포막을 구성하며 체온 유지에 관여합니다. 지방은 포화 지방, 불포화 지방, 전이 지방 3가지로 나눌 수 있습니다. 포화 지방은 몸에 좋지 않은 고기의 기름이나 우유에 들어 있는 지방으로 가능하면 적게 먹는 것이 좋습니다. 몸에 좋은 우유에도 포화 지방이 3.4%나 들어 있기 때문에 두 돌 이후에는 우유 또한 권장량 이상 주지 않도록 합니다. 불포화 지방은 몸에 좋은 지방으로 적당히 먹으면 건강에 좋으며, 전이 지방은 트랜스 지방으로 불리는 가공된 지방으로 몸에 좋지 않습니다. | **포화 지방이 많아 조금만 먹어야 하는 지방**: 육류, 유제품<br><br>**불포화 지방이 많아 좋은 동물성 지방**: 연어, 등 푸른 생선 (고등어, 꽁치, 삼치, 참치)<br><br>**불포화 지방이 많아 좋은 식물성 지방**: 콩기름, 참기름, 들기름, 올리브유, 호두, 잣, 아보카도 |
| 무기질 | | 무기질은 뼈와 치아의 형성, 체액의 산성 및 염기성의 평형과 수분 평형에 관여하고 신경 자극 전달 물질, 호르몬의 구성 성분 등 여러 가지 생리적 활동에 참여합니다. 필요한 양은 미량이지만 부족하면 각종 결핍증을 유발해 반드시 챙겨야 하는 영양소입니다. | |
| | 칼슘: 뼈와 치아의 구성 요소, 근육, 신경 조절, 혈액 응고 도움 | | 우유, 요구르트, 치즈, 연어, 멸치, 뱅어포, 굴, 두부, 아몬드, 양배추, 브로콜리, 깻잎 |
| | 인: 뼈와 치아, 근육의 성분, 세포의 성장 | | 우유, 달걀노른자, 육류, 생선, 생선 알, 호박씨, 해바라기씨, 멸치, 마른오징어 |
| | 마그네슘: 뼈의 구성 성분, 각종 효소의 재료 | | 견과류, 아보카도, 시금치, 대두, 양배추, 감귤류 |
| | 칼륨: 세포 내 화학 반응의 필수 성분, 혈압 유지 | | 말린 과일, 감자녹말, 전곡, 채소, 콩가루, 육류 |
| | 나트륨: 몸의 수분 양 조절, 신경 자극 물질 | | 소금, 간장, 된장, 젓갈, 육류 |
| | 염소: 혈액의 산성도 조절, 소화 및 면역 작용 | | 소금 |
| | 철분: 산소를 세포까지 전달하는 헤모글로빈의 재료 | | 소고기, 돼지고기, 생선, 달걀노른자, 동물의 간, 콩, 팥, 굴, 전복, 건포도, 깨, 김, 미역, 미나리, 살구 |
| | 아연: 소화 작용, 단백질 합성 | | 해산물, 동물의 간, 육류, 우유, 치즈, 달걀, 콩류 |
| | 요오드: 갑상선 호르몬 생성 | | 미역, 김, 아스파라거스, 시금치 |

| | | |
|---|---|---|
| 무기질 | **구리** : 뼈와 적혈구 생성, 철의 흡수와 이용률을 높임 | 굴, 밀 배아, 육류, 치즈, 해바라기씨 |
| | **망간** : 뼈 성장과 재생, 단백질, 면역계, 신경계 유지 | 현미, 호두, 상추, 대두 |
| | **셀레늄** : 항암, 고혈압 예방 | 버터, 새우, 통밀 |
| | **크롬** : 인슐린 작용 | 치즈, 달걀, 동물의 간 |
| | **황** : 세포 형질 보호, 인체의 세균 저항력을 키움 | 육류, 달걀, 치즈, 우유, 콩류 |
| | **불소** : 이와 뼈 강화, 골다공증 예방 | 생선, 해산물, 녹차 |
| 비타민 | 비타민은 생명 유지에 꼭 필요한 영양소지만 인체에서 자체적으로 합성되지 않기 때문에 매일 음식을 통해 섭취해야 합니다. | |
| | **A** : 시력 유지, 신체 저항력 강화, 생체막 조직 | 당근, 양배추, 시금치, 호박, 동물의 간, 고구마, 케일, 셀러리, 양상추, 마른 김 |
| | **B$_1$** : 이뇨 작용 및 성장 촉진 | 달걀노른자, 콩, 돼지고기 |
| | **B$_2$** : 성장 촉진, 스트레스 완화 | 우유, 버섯, 시금치, 동물의 간, 현미, 생선, 콩 |
| | **B$_6$** : 면역 체계 강화 | 간, 시금치, 감자, 바나나, 생선, 돼지고기, 닭고기, 바나나 |
| | **B$_{12}$** : 칼슘과 결합해 성장 촉진 | 생선, 동물의 간, 소고기, 달걀, 우유 |
| | **엽산** : 기형 예방, 헤모글로빈 형성 | 푸른 잎 채소, 동물의 간, 곡류, 콩, 해바라기씨, 오렌지, 바나나 |
| | **나이아신** : 에너지 대사에 관여 | 참치, 육류, 우유 |
| | **판토텐산** : 항체 형성 | 동물의 간, 견과류, 닭고기 |
| | **바이오틴** : 탈모 예방, 피부염 완화 | 달걀노른자, 우유, 치즈 |
| | **C** : 항산화 작용, 상처 치유, 감염 저항성 | 브로콜리, 풋고추, 딸기, 고춧잎, 시금치, 단감, 오렌지, 귤, 양배추, 키위, 찐 감자, 토마토, 파프리카 |
| | **D** : 칼슘과 인의 흡수 촉진, 종양 세포 증식 억제 | 우유, 표고버섯, 연어, 달걀노른자, 버터, 참치 |
| | **E** : 세포 노화를 막고 세포막 유지에 도움 | 아몬드, 아보카도, 고구마, 옥수수, 무청, 붉은 피망, 해바라기씨, 상추, 마요네즈 |
| | **K** : 혈액 응고, 칼슘과 결합해 뼈 강화 | 양배추, 시금치, 완두콩, 브로콜리, 콜리플라워, 케일, 상추, 무청, 쇠간, 유제품 |

## 음식 궁합표

| 식품군 | 주재료 | 함께 먹으면 좋은 재료 |
|---|---|---|
| 육류 및 어류 | 소고기 | 무, 배, 브로콜리, 시금치, 표고버섯, 당근, 애호박, 양배추, 팽이버섯, 콩나물, 아욱, 두부, 파인애플, 참기름, 키위, 깻잎, 송이버섯, 숙주 |
| | 돼지고기 | 무, 감자, 키위, 표고버섯 |
| | 닭고기 | 시금치, 표고버섯, 브로콜리, 당근, 단호박, 청경채, 고구마, 비트, 콩나물, 부추, 인삼, 대추, 녹두, 양파, 키위 |
| | 흰 살 생선 | 양배추, 두부 |
| | 새우 | 완두콩, 표고버섯, 아욱 |
| 채소, 과일 및 유제품 | 감자 | 고구마, 양송이버섯, 애호박, 파, 우유, 치즈 |
| | 고구마 | 감자, 당근, 밤, 브로콜리, 사과 |
| | 당근 | 양파, 시금치, 고구마, 달걀, 올리브유 |
| | 애호박 | 감자, 달걀 |
| | 단호박 | 양파, 달걀, 현미, 팥, 강낭콩 |
| | 브로콜리 | 대파, 양파, 고구마, 배추, 호두, 아몬드, 치즈, 게, 귤 |
| | 양배추 | 당근, 호박, 콩나물, 콩, 사과, 파인애플, 자몽, 오징어, 흰 살 생선, 새우 |
| | 양파 | 콩나물, 당근, 시금치, 호박, 사과, 오미자, 치즈, 육류 |
| | 시금치 | 당근, 양파, 참깨, 두유, 달걀, 사과, 바나나, 조개, 우유, 쌀밥 |
| | 대추 | 찹쌀 |
| | 우엉 | 파프리카 |
| | 부추 | 시금치, 감자, 옥수수, 양배추 |
| | 치즈 | 브로콜리, 양파, 감자, 양송이버섯 |
| | 달걀 | 애호박, 미역, 오이, 당근, 시금치, 피망, 단호박, 청경채, 토마토 |
| | 완두콩 | 밀 |
| | 사과 | 고구마, 양파, 바나나, 양배추, 오이, 돼지고기 |
| | 바나나 | 파인애플, 레몬 |

★ 식재료를 처음 사용할 때는 알레르기 반응 테스트를 거친 후 별다른 이상이 없으면 먹입니다.

# 아이주도이유식과
# 아이의 신체 발달

아이주도이유식을 하면 부모가 아이에게 음식을 떠먹이는 죽이유식을 할 때보다 다음과 같은 신체 발달 효과가 더 큽니다.

**1 | 손을 뻗어 원하는 것을 잡고 입으로 가져갈 수 있어요.**

아이가 자신의 장난감 중 원하는 것을 정확히 집어 입으로 가져간다면 아이주도이유식을 할 준비가 되었다고 볼 수 있습니다. 보통 만 6개월 전에도 장난감을 입으로 가져가는 것은 가능하지만, 아이주도이유식을 한 아이는 장난감을 집거나 입으로 가져가는 정확도가 높아집니다.

**2 | 양손을 사용해 음식을 먹기 시작해요.**

아이주도이유식을 시작하고 시간이 조금 지나면 아이가 점점 더 자유롭게 손을 사용합니다. 한 손으로 음식을 먹다 다른 손으로 옮겨 잡거나 주먹을 위아래로 돌려가며 주먹 안의 음식을 먹는 식으로 양손을 다 사용하기 시작하고, 손 사용이 더욱 능숙해집니다.

**3 | 손가락으로 집어 먹기 시작해요.**

손을 사용하는 데 익숙해지면 손가락을 이용해 음식을 집기 시작합니다. 아이주도이유식을 시작하고 한두 달만 지나면 아이가 손이나 손가락을 사용하는 기술이 정말 빠르게 느는 것을 볼 수 있습니다. 아이가 손을 많이 사용하면 두뇌 발달에도 도움이 됩니다.

# 아이주도이유식의 장점

**1 | 음식이 가진 고유의 질감을 느껴보고 향을 맡아보고 입으로 탐색할 수 있습니다.**

채소와 고기 등을 잘게 다져 만든 죽이유식은 좋은 재료로 영양을 공급하니 몸에 좋은 것은 말할 필요도 없지만, 식재료 고유의 맛을 느끼기에는 부족한 것이 사실입니다. 어릴 때부터 다양한 식재료를 직접 만지고 맛본 아이일수록 나중에 편식을 할 확률이 줄어듭니다.

**2 | 아이 스스로 먹으면서 자신감을 얻습니다.**

이유식을 처음 시작할 때는 엄마가 떠먹여주는 음식을 잘 받아먹던 아이도 한두 달이 지나면 먹이기가 힘들어집니다. 생후 10개월쯤 되면 자의식이 발달하면서 자기주장과 고집이 생기기 때문입니다. 이유식을 거부하거나 엄마가 떠먹여주는 숟가락을 가져가 혼자 먹어보려 하거나 숟가락을 던지는 등의 행동을 하기도 합니다. 스스로 해보고 싶은 게 점점 많아지는 시기라 이유식도 엄마가 먹여주는 숟가락을 가져가 혼자 먹으려 하는 게 당연합니다. 하지만 아직 손놀림이 능숙하지 않아 아이 스스로 숟가락을 이용해 죽을 먹기는 힘들 수 있습니다. 그러나 수동적인 형태의 스푼피딩이 아니라 스스로 음식을 집어 먹는 셀프피딩인 아이주도이유식을 한다면 혼자 하고 싶은 아이의 욕구를 충족시켜 줄 수 있습니다. 독립심이 자라나는 시기에 아이의 행동을 너무 제한하면 아이의 자율성 발달을 저해할 수 있습니다. 자신이 먹고 싶은 음식을 스스로 즐겁게 먹을 때 아이는 자신감을 얻게 됩니다.

### 3 | 아이 스스로 먹고 싶은 만큼 양을 조절할 수 있습니다.

아이가 먹을 양을 엄마가 정해서 죽을 만드는 것이 아니라 채소를 조금 여유 있게 삶아서 주면 아이는 자신이 먹을 만큼 먹거나 놀 만큼 논 다음 멈춥니다. 아이마다 또는 발달 단계마다 자신이 다 먹었다는 신호를 다르게 보낼 수 있습니다. 잘 먹던 음식을 집어 던지거나 그릇을 밀어내거나 음식을 바닥에 떨어뜨리는 등의 행동은 다 먹었다는 신호입니다.

### 4 | 안전하게 먹는 법을 배웁니다.

아이주도이유식에 대한 엄마들의 걱정 중 하나가 '음식이 목에 걸리면 어떡하지?'입니다. 하지만 아이주도이유식을 하면 아이 스스로 음식을 안전하게 먹는 법을 배웁니다. 처음 아이주도이유식을 시작할 때는 음식을 먹다 구역질을 하며 뱉어내는 '구역질 반사'가 나타날 수 있으나 걱정할 필요 없습니다.

실제로 구역질 반사는 죽이유식이나 삶은 채소를 먹을 때나 비슷하게 발생합니다. 어른과 달리 아이들은 구역질을 유발하는 지점이 혀의 앞부분에 있기 때문에 죽이유식을 먹으며 숟가락으로 구역질 유발 지점을 건드리거나 삶은 채소가 구역질 유발 지점을 건드리면 나타나는 흔한 현상입니다. 그러나 삶은 채소를 먹으면 어느 정도의 양을 삼켜야 구역질을 하지 않고 음식을 넘길 수 있는지, 어떻게 씹어야 하는지, 또는 어떻게 기침을 해서 음식을 뱉어내는지를 죽이유식을 할 때보다 빠르게 습득합니다. 아이주도이유식 중기만 되어도 구역질을 하는 현상은 확연히 줄어들 거예요.

### 5 | 가족 모두 즐겁게 식사할 수 있고 외식이 쉬워집니다.

아직 돌이 안 된 아이를 돌보면서 여유롭게 식사를 할 수 있는 엄마가 몇이나 될까요? 아이에게 이유식을 떠먹이면서 엄마도 식사를 하려면 마음이 바쁘기만 합니다. 아이가 낮잠을 잘 때나 조금 여유가 생기는데 그때도 다른 할 일이 많아 자신의 식사는 서두르게 됩니다.

하지만 아이주도이유식을 하면 아이가 자기 앞에 놓인 음식들을 탐색하느라 바쁘기 때문에 엄마도 그 옆에서 여유 있게 식사할 수 있습니다. 이 책에 수록된 요리 중에는 간을 조금 추가하거나 레시피를 약간만 변형하면 어른도 먹을 수 있는 요리가 많기 때문에 엄마와 아이가 거의 같은 음식으로 식사를 할 수도 있습니다. 아이가 음식을 떨어뜨리거나 잘 쥐지 못할 때 외에는 엄마가 도와줄 일이 거의 없습니다. 또한 아이와 함께 외식을 하기도 쉬워집니다.

외식 메뉴 중에는 돌 전 아이와 함께 먹을 만한 음식이 거의 없기 때문에 부모가 식사하는 동안 아이는 심심하기만 합니다. 부모가 먹는 모습을 바라만 보며 아이가 1시간가량을 짜증내지 않고 가만히 있는다는 건 거의 불가능합니다. 하지만 아이주도이유식을 하면 외식도 한결 수월해집니다. 아이의 이유식 시간에 외식 시간을 맞추면 엄마, 아빠가 식사하는 동안 아이는 집에서 준비해간 삶은 채소를 탐색하고 먹으며 시간을 보낼 수 있습니다. 그저 부모가 먹는 모습을 바라만 보는 게 아니라 아이도 자신의 식사를 하며 가족 식사에 참여할 수 있기 때문에 부모는 한결 여유롭게 외식 시간을 즐길 수 있습니다.

# 아이주도이유식을 진행할 때 주의할 점

**1 | 아이주도이유식은 쉽지 않아요.**

아이주도이유식을 시작하기 전에는 '채소만 삶아서 주면 되니까 죽이유식보다 쉬울 거야'라고 생각할 수 있습니다. 하지만 막상 시작해보면 생각만큼 쉽지는 않습니다.

죽이유식은 만들어서 냉장 또는 냉동 보관해두고 먹일 수 있지만 채소는 삶아서 냉동 보관했다가 주기 힘듭니다. 보통 매일 그날 먹일 채소를 삶거나 냉장 보관하더라도 2~3일 안에 먹여야 하기 때문에 엄마는 매일 채소를 손질해야 합니다. 여기에 죽이유식을 병행하면 그만큼 만들어야 할 음식도 늘어납니다. 또한 삶은 채소를 한두 달 먹다 보면 아이가 채소를 거부하는 시기가 오고, 그럴 땐 삶은 채소뿐만 아니라 이것저것 다른 음식도 만들어줘야 합니다.

그럼에도 아이주도이유식을 추천하는 이유는 아이가 나중에 올바른 식습관을 가질 수 있기 때문입니다. 다양한 채소 고유의 맛과 향을 많이 접해본 아이는 새로운 음식을 받아들일 때 거부감보다는 흥미를 느낄 가능성이 더 큽니다. 또한 채소를 싫어하지 않고 편식을 할 가능성이 낮으며, 스스로 음식을 먹는 재미에 식사를 즐거운 일로 인식하게 됩니다.

**2 | 아이가 구역질을 해도 놀라지 마세요.**

아이들은 먹이 찾기 반사, 빨기 및 삼키기 반사, 씹기 반사, 구역질 반사 등 입의 움직임과 관련한 자동적인 반사 반응을 보입니다. 그중 구역질 반사는 혀 중앙의 1/3 지점을 자극하면 나타나는 것으로 병적인 반응이 아니기 때문에 삼키는 걸 방해하지 않습니다. 그러므로 아이가 삶은 채소를 처음 접하고 구역질을 하는 행동을 보이더라도 크게 걱정할 필요는 없습니다. 대부분 7개월 전후에 구역질 반사 지점이 혀의 후방 1/3 지점으로 이동하기 때문에 구역질이 줄어들다 시간이 지나면 점차 사라지고, 성인이 되면 구역질 반응이 혀 깊숙한 곳에서 일어나게 됩니다.

채소를 먹다 목에 걸려 기침을 하더라도 아이 스스로 뱉어낼 수 있으므로 이 또한 크게 걱정하지 않아도 됩니다. 만약 아이 스스로 뱉어내는 걸 힘들어하면 엄마가 손가락으로 걸린 음식물을 빼도록 도와주면 됩니다. 하지만 구역질이나 목에 걸리는 현상들은 아이주도이유식을 진행하는 동안 아이가 어떻게 음식을 씹고 삼켜야 하는지를 배우면서 점점 줄어듭니다.

다만 이때 구역질과 질식은 차이가 있으므로 구분해야 합니다. 구역질은 삼키기엔 지나치게 큰 음식을 기도에서 밀어내는 작용이고, 질식은 기도 전체 혹은 일부가 막혔을 때 발생합니다. 그러므로 아이 혼자 음식을 먹는다고 다른 일을 하면 안 됩니다. 아이가 식사하는 모습을 세심하게 살펴봐야 합니다. 드물긴 하지만 질식의 우려가 있을 때는 응급조치를 시행해 덩어리를 꺼내줘야 합니다.

## 3 | 아이의 식사 시간이 길어질 수 있어요.

아이주도이유식의 식사 시간은 '식사+놀이 시간'이라고 생각하는 게 좋습니다. 음식을 먹는 것뿐만 아니라 입으로, 손으로, 눈으로 탐색하는 놀이가 될 수 있습니다. 그래서 죽 이유식보다는 식사 시간이 다소 길어집니다.

하지만 아이의 식사 시간이 길어져서 좋은 점도 있습니다. 아이는 식사 시간 동안 식탁 의자나 정해진 자리에 앉아서 먹는 식사 예절을 배울 수 있습니다. 외식을 할 때도 편합니다. 아이와 함께 외식을 하러 갈 때 삶은 채소를 가져가면 아이가 채소를 먹는 동안 부모는 옆에서 식사를 할 수 있습니다.

아이가 이유식 먹는 시간이 길다고 그동안 설거지나 청소 등의 집안일을 하기도 하는데

이는 권장하지 않습니다. 아이는 엄마와 함께 앉아서 음식을 먹을 때 가장 집중하고 즐거워하며, 자신이 먹고 있을 때 엄마가 자리를 뜨거나 다른 일을 하면 금세 싫증을 내고 먹기 싫어하는 경향을 보이기 때문입니다. 음식을 먹다가 발생할 수 있는 사고를 방지하기 위해서도 엄마가 옆에 있는 것이 좋습니다.

## 4 | 뒷정리 시간이 오래 걸릴 수 있어요.

죽이유식을 하는 경우에는 턱받이나 아이의 얼굴 정도만 닦아주면 돼 뒷정리가 어렵지는 않습니다. 하지만 아이주도이유식은 아이 스스로 먹기 때문에 먹다가 떨어뜨리거나 던지거나 흘리는 일이 더 많이 일어나고 그만큼 뒷정리도 힘들 수 있습니다. 한 가지 쉽게 정리할 수 있는 요령이라면, 크기가 큰 식탁보나 천을 2~3장 준비해 아이가 이유식을 먹을 때 식탁의자 밑에 깔아두었다가 이유식이 끝나면 떨어진 채소를 쓰레기통이나 싱크대에 털어내고 천은 세탁하는 것입니다. 채소나 과일을 떨어뜨려 얼룩이 생기겠지만 이유식을 먹을 때만 쓰는 용도로 정하면 됩니다.

## 5 | 잘 안 먹어도 걱정하지 마세요.

이유식을 시작하면 아이들이 잘 먹는 시기와 잘 안 먹는 시기가 번갈아 옵니다. 이는 죽이유식이나 아이주도이유식 모두 마찬가지입니다. 한 달 정도 잘 먹다가 흥미가 떨어져 그 뒤 한 달은 안 먹는 식의 패턴이 반복될 수 있습니다.

아이가 잘 안 먹는 시기로 접어들었다 해도 크게 걱정할 필요는 없습니다. 아이가 다시 이유식에 흥미를 느낄 수 있도록 엄마가 여러 가지 다른 시도를 하며 도와줄 수 있습니다. 예를 들어 잘 먹던 삶은 채소를 거부한다면 죽이유식과 병행할 수 있습니다. 이가 나는 시기에는 씹는 것이 싫어 음식을 거부하기 쉽습니다. 아이가 잘 먹지 않더라도 꾸준히 좋은 음식을 제공하다 보면 어느 순간부터 아이가 다시 잘 먹는 날이 올 테니 포기하지 마세요.

## 6 | 과일을 너무 많이 주지 마세요.

아이주도이유식의 기본은 과일이 아니라 채소라는 것을 명심해야 합니다. 아이가 삶은 채소를 거부하기 시작하면 이 책에 소개한 다른 요리들을 응용해서 주길 권장합니다. 과일은 몸에 좋지만 과일 자체의 신맛이나 단맛이 다소 강할 수 있고 너무 많이 먹으면 배탈을 일으키기 쉽습니다. 또한 과일을 많이 먹다 보면 과일의 단맛에 길이 들어 채소를 거부할 수 있습니다. 과일의 단맛도 우리 몸에서는 설탕과 같은 당분이라는 것을 기억하세요.

## 7 | 한 번에 너무 많은 종류의 채소를 주지 마세요.

사실 이 부분은 어디까지나 아이의 취향과 엄마의 재량에 따라 바뀔 수 있습니다. 그러나 제가 경험해본 결과 한 번에 여러 가지 채소를 삶아서 계속 주면 아이가 금세 질린다는 걸 관찰할 수 있었습니다. 아이에게 삶아서 줄 수 있는 채소는 생각보다 많지 않습니다. 과일이나 생으로 먹을 수 있는 오이, 파프리카 등을 제외하면 감자, 고구마, 당근, 브로콜리, 애호박, 단호박, 가지, 버섯 등이 아이에게 삶아서 줄 수 있는 대표 채소입니다. 그런데 이 제한된 채소를 이유식을 먹일 때마다 조금씩 삶아서 모두 같이 주면 아이의 메뉴가 항상 똑같아 음식에 빨리 질리게 됩니다. 한 번에 여러 가지를 조금씩 주는 것보다 아침에는 감자와 당근+플레인 요구르트, 점심에는 고구마와 당근+과일, 저녁에는 단호박과 브로콜리+아이주도이유식 요리 형태로 조금씩 변화를 주는 것이 좋습니다.

> **잠깐만요!**
>
> ### 음식을 삼키다 기도가 막혔을 때의 응급처치
>
> 아직 혀의 움직임이 능숙하지 못한 아이는 음식이 입 안 앞쪽에 있어 쉽게 목에 걸리지 않습니다. 하지만 질식이 우려되는 음식을 먹다 걸렸거나 누군가가 준 음식을 삼키다 걸렸을 때는 어떻게 해야 할까요?
>
> **만 1세 미만 아이라면 다음과 같이 처치하세요.**
> **이때 응급처치 시행과 동시에 119에 구조를 요청해 최대한 빨리 병원으로 가야 합니다.**

1. 한 손으로는 아이의 턱, 다른 한 손으로는 아이의 뒤통수를 감싸 쥐면서 안전하게 아이를 안아 상체를 60도 정도 앞으로 기울여 허벅지에 올린다
2. 손날로 아이의 견갑골 사이를 5~6회 친다. 때리는 게 아니라 압박한다는 걸 명심하자.
3. 입 안을 확인한다.
4. 이 방법이 효과가 없으면 아이를 돌려 똑바로 눕히고, 양쪽 젖꼭지를 잇는 선 중앙 바로 아래쪽에 두 손가락을 얹은 뒤 강하고 빠르게 5회 누른다.
5. 입 안을 확인하다.
구급차를 기다리며 이물질이 나올 때까지 1~5 과정을 반복한다.

**기침을 할 수 있는 아이라면 다음 방법으로 처치하세요.**
아이가 최대한 기침을 할 수 있도록 유도한다.
기침을 해서 음식물을 토해내게 하는 게 제일 중요하기 때문이다.
이때 견갑골을 최대한 강하게 손날로 두드려주면서 기침을 하게 하면 좋다.

**기침을 하지 못하거나 만 1세 이상일 때는 다음 방법으로 처치하세요.**
이때도 응급처치 시행과 동시에 119에 구조를 요청해 최대한 빨리 병원으로 가야 합니다.
※기침을 하게 했는데도 이물질이 나오지 않으면 아래 방법을 실시합니다.

1. 아이 뒤에 서거나 무릎을 꿇고 양팔로 아이의 허리를 감싼다.
한 손은 주먹을 쥔 채 아이의 복부 중앙에 올려놓고, 다른 한 손은 주먹 쥔 손을 감싸 잡는다.
2. 주먹으로 아이의 배를 위쪽으로 누르면서 명치 부위까지 빠르게 5회 밀어 올린다.
3. 입 안을 확인한다.

이물질이 나올 때까지 1~3 과정을 반복한다.
이 경우는 정말 응급 상황이므로 반드시 119에 구조를 먼저 요청한 다음 구급차를 기다리는 동안 이 방법을 실시합니다.
이물질이 목에 걸려 위 방법들을 실시할 때 주의할 점이 있습니다.
※목 안의 이물질이 눈에 보이지 않을 때는 절대 아이의 목에 있는 물체를 직접 잡으려고 하지 마세요. 이런 시도를 하다 보면 자칫 이물질이 더욱 깊숙이 들어갈 수 있습니다. 이물질이 눈에 보이는 경우에는 손가락으로 조심스럽게 빼내면 됩니다.

_《아이주도이유식》, 한빛라이프_

행정안전부 하임리히법 - 영아 편 참고

# 아이주도이유식에 필요한 도구

아이주도이유식을 한다고 죽이유식이나 일반 요리를 할 때와 다른 특별한 도구가 필요한 것은 아닙니다. 다만 아이주도이유식을 할 때 구비해두면 편리한 몇 가지 도구를 소개합니다.

### 오븐, 에어프라이어
간단한 베이킹을 할 때나 매시스틱을 만들 때는 오븐이나 에어프라이어를 이용하면 편리합니다. 아이주도이유식은 한꺼번에 많은 양을 만들지 않으므로 소형 오븐, 에어프라이어를 사용해도 됩니다.

### 찜기
찜기용 냄비가 있다면 그걸 사용해도 좋고 시중에서 흔히 구할 수 있는 삼발이를 일반 냄비에 넣어 사용해도 됩니다. 그러나 실리콘 찜기를 쓰면 환경호르몬 걱정도 덜고 편하게 이용할 수 있습니다. 찜기는 삶은 채소가 주인공인 아이주도이유식의 필수 도구입니다.

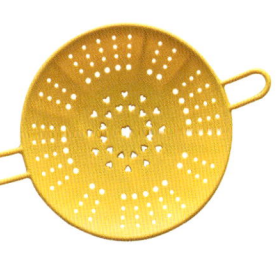

### 계량컵, 계량스푼, 저울
이 책에서는 재료의 양을 계량할 때 그램과 스푼을 함께 사용했습니다. 저울이 있다면 그램 계량을, 저울이 없다면 컵과 스푼으로 계량하

면 됩니다. 테이블스푼은 밥숟가락, 티스푼은 찻숟가락을 사용할 수 있으나 가능하면 계량스푼을 사용하길 권장합니다.

### 식빵 틀, 머핀 틀, 종이컵 유산지

식빵이나 머핀을 만들기 위해서는 식빵 틀과 머핀 틀이 있어야 합니다. 철로 된 틀이나 종이로 된 틀 모두 사용 가능합니다. 머핀 틀의 경우 틀 안에 바로 조리해도 되지만 종이컵 유산지를 구비해두면 설거지하기가 편합니다.

### 턱받이

아이주도이유식 초기에는 아이가 음식을 쥐거나 삼키는 데 익숙지 않아 흘리는 양이 많습니다. 그래서 흘리는 음식을 잘 받아낼 수 있는 턱받이가 필요합니다. 닦기 쉽고 잘 마르는 실리콘 재질 제품, 아래쪽에 음식을 받아낼 수 있는 공간이 있는 것을 사용하는 것이 좋습니다.

### 큰 천, 테이블 매트

식탁 의자 밑에 큰 천을 깔아두면 음식을 많이 흘리더라도 바닥 청소를 쉽게 할 수 있습니다. 아이가 채소나 과일을 먹다 떨어뜨리기도 하고 뭉개지기도 해서 테이블 청소가 번거로울 수 있습니다. 식탁 의자나 범보 의자 등에 달린 식탁 위에 비닐 식탁보나 테이블 매트를 깔면 청소가 좀 더 쉬워집니다.

### 접시, 유아용 식기, 식판

아이에게 채소를 줄 때는 유아 전용 식기나 식판을 사용하는 것이 좋습니다. 2~3개로 칸이 나뉜 접시를 이용하면 여러 종류의 채소를 나눠서 주기 편합니다. 열탕 소독과 전자레인지 사용이 가능하고, 아이가 떨어뜨려도 쉽게 깨지지 않는 재질의 식기를 준비합니다.

# Chapter 2
## 아이주도이유식의 기본_채소 스틱

쪄서 먹는 채소 스틱과 과일, 육류
조리하지 않고 먹는 채소 스틱과 과일

# 쪄서 먹는 채소 스틱과
# 과일, 육류

아이주도이유식을 할 때 아이가 가장 많이 접하는 음식은 바로 채소 스틱입니다. 특히 초기에는 주로 채소 스틱을 먹고, 중기나 후기로 접어들어도 아이주도이유식 요리와 함께 항상 먹는 것이 채소 스틱입니다.

아이주도이유식을 시작할 때는 아이가 잡기 쉽도록 채소를 긴 막대 형태로 잘라서 주는 것이 좋습니다. 처음 채소 스틱을 접한 아이는 주먹으로 채소를 쥔 채 주먹의 위나 아래로 나와 있는 부분을 주로 먹습니다. 그러다 주먹을 펴서 손 안에 있는 음식을 먹는 법을 배우고, 다른 손으로 음식을 옮겨가며 먹는 방법을 터득합니다. 이런 방법을 터득할 때까지는 아이 손으로 쥐었을 때 채소가 주먹의 위아래로 나오도록 7~8cm 길이로 준비합니다. 채소 스틱은 오이처럼 생으로 주는 것도 있고 감자처럼 쪄서 주는 것도 있습니다.

스틱 형태는 아니지만 콩류(완두콩, 강낭콩, 검정콩)나 밤도 쪄서 줄 수 있습니다. 단, 콩류는 크기가 작아 초기에는 먹거나 집기 힘들 수 있으므로 중기 이후에 주도록 합니다. 양배추, 적양배추, 배추도 스틱 형태는 아니지만 쥐기 좋은 크기로 썰어 익혀서 줄 수 있습니다. 양배추, 적양배추, 배추는 중불에서 약 3분간 익힙니다.

채소를 익히는 시간은 가스레인지의 사양이나 채소의 크기에 따라 조금씩 달라질 수 있습니다. 또한 아이주도이유식 초기, 중기, 후기에 따라 채소를 조리하는 시간과 채소의 무른 정도가 달라지는데, 채소의 단단한 정도는 이유식 단계보다는 아이의 발달에 따라 달라진다고 볼 수 있습니다. 아이마다 이가 나는 시기가 다르기 때문입니다. 빠른 아이는 4~6개월 사이에 이가 나기도 하고 늦는 아이는 10개월 이후에 이가 나기도 합니다. 또한 아이에 따라 무른 채소를 좋아하기도 하고 덜 무른 채소를 좋아하기도 합니다. 다음 레시피에서 소개한 채소별 익히는 시간은 이가 없어도 부드럽게 먹을 수 있는 정도를 기준으로 표시한 것이니 아이의 발달 상태나 선호도에 따라 채소 찌는 시간을 늘리거나 줄여도 좋습니다. 또한 아이주도이유식 초기가 지나면 찌는 것뿐만 아니라 오븐에 굽거나 프라이팬에 기름 없이 굽는 등 조리법을 달리해서 줘도 좋습니다.

## 아이주도이유식 초기 육류 조리법

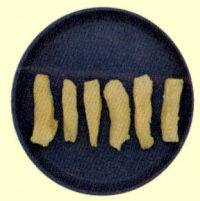

**닭고기스틱**

○ 닭 가슴살 110g

1. 닭 가슴살은 두께 2cm, 길이 7cm 크기로 자른다.
2. 냄비에 1을 넣고 물을 부어 중불에서 20분간 익힌다.
   *tip* 생고기는 칼보다 가위를 이용하면 자르기가 더 쉬워요.

**소고기스틱**

○ 소고기 70g

1. 소고기는 두께 2cm, 길이 7cm 크기로 썬다.
2. 냄비에 1을 넣고 물을 부어 중불에서 15분간 익힌다.
   *tip* 고기 냄새에 민감한 아이라면 1의 소고기를 찬물에 30분간 담가 핏물을 빼는 과정을 추가해도 좋아요.

   초기에는 지방 함량이 적은 우둔살이나 보섭살을 사용하고 중기 이후에는 안심을 사용해도 좋습니다.

## 아이주도이유식 초기 채소 조리법

### 가지스틱
○ 가지 60g

1 가지는 깨끗하게 씻은 뒤 두께 2cm, 길이 5~6cm 크기로 썬다.

2 찜기에 1을 넣고 중불에서 약 13분간 찐다.

> **tip** 채소 스틱 조리 시간은 물이 끓기 전에 재료를 넣고 찐 시간 기준입니다.
>
> 가지는 수분과 칼륨을 다량 함유하고 있어 이유식에 활용하면 좋아요.

### 감자스틱
○ 감자 130g

1 감자는 껍질을 벗긴 뒤 두께 1cm, 길이 5cm 크기로 썬다.

2 찜기에 1을 넣고 중불에서 13~15분간 찐다.

> **tip** 감자는 쪄서 썰면 쉽게 뭉개지므로 미리 스틱 형태로 썰어서 찝니다.
>
> 감자는 이유식 초기부터 먹을 수 있는 재료 중 하나예요. 감자에 들어 있는 비타민 C는 가열해도 손실이 적어 쪄서 주면 좋습니다.

### 고구마스틱
○ 껍질 벗긴 고구마 85g

1 고구마는 껍질을 벗긴 뒤 두께 2cm, 길이 5cm 크기로 썬다.

2 찜기에 1을 넣고 중불에서 13분간 찐다.

> **tip** 스틱의 크기는 아이가 손으로 잡고 먹기 좋도록 조절하세요.
>
> 고구마는 쪄서 썰면 쉽게 뭉개지므로 미리 스틱 형태로 썰어서 찝니다.

### 단호박스틱
○ 씨를 제거한 단호박 200g

1. 단호박은 반으로 자른 뒤 숟가락으로 속씨를 긁어내고 전자레인지에 넣어 2~3분간 돌린다. 익혀서 부드러워진 단호박을 두께 2~3cm, 길이 5cm 크기로 썬다.
2. 찜기에 1을 넣고 중불에서 20분간 찐다.
   *tip* 단호박은 익혀서 썰면 뭉개지므로 미리 썰어서 찌는 게 좋습니다. 전자레인지에 넣고 3~5분간 돌리면 쉽게 썰립니다.

### 당근스틱
○ 당근 60g

1. 당근은 껍질을 벗긴 뒤 두께 2cm, 길이 5cm 크기로 썬다.
2. 찜기에 1을 넣고 중불에서 20분간 찐다.
   *tip* 당근, 시금치, 배추 같은 채소는 질산염 함량이 높은 편이라 생후 6개월 이전 아이에게 먹이면 빈혈을 일으킬 수 있어요. 또한 당근은 오래 보관하면 질산염이 증가하므로 싱싱한 것을 사용해야 합니다.

### 버섯스틱
○ 버섯 50g

버섯은 다양한 종류를 사용해도 좋아요.

1. 버섯은 흐르는 물에 살짝 씻은 뒤 두께 2cm, 길이 5cm 크기로 썬다.
   *tip* 양송이버섯은 기둥을 제거하고 윗부분만 사용하세요.
2. 찜기에 1을 넣고 중불에서 15분간 찐다.
   *tip* 양송이버섯, 새송이버섯, 표고버섯 모두 스틱 형태로 썰어 익혀서 줄 수 있습니다. 다만 양송이버섯은 삶으면 쉽게 무르므로 요리로 만들어주는 편이 더 좋고, 새송이버섯이나 표고버섯은 스틱 형태가 편합니다.

### 브로콜리스틱

○ 브로콜리 꽃송이 부분 60g
꽃송이 아래 줄기를 조금 남겨둬야 아이가 편하게 잡고 먹을 수 있어요

1. 브로콜리는 꽃송이와 줄기 부분을 약간 남기고 밑동을 제거한 뒤 아이가 쥐기 좋은 크기로 썬다.
2. 찜기에 1을 넣고 중불에서 12분간 찐다.
   *tip* 권장 조리 시간으로 브로콜리를 찌면 꽃송이 부분은 다 익고 줄기 부분은 아이가 쥐기 편할 정도로 아삭하게 익어요.

### 애호박스틱

○ 애호박 90g

1. 애호박은 동그란 모양 또는 스틱 모양(아이가 선호하는 모양)으로 썬다.
2. 찜기에 1을 넣고 10~12분간 찐다.
   *tip* 애호박은 껍질을 벗기고 찌면 완전히 무르므로 껍질째 찝니다.

### 콜리플라워스틱

○ 콜리플라워 120g

1. 콜리플라워는 꽃송이와 줄기 부분 약간을 남기고 밑동을 제거한 뒤 아이가 쥐기 좋은 크기로 썬다.
2. 찜기에 1을 넣고 중불에서 15분간 찐다.
   *tip* 브로콜리나 콜리플라워는 보통 꽃송이 부분을 먹지만, 아이가 잡고 먹기 편하도록 줄기 부분을 남겨서 찌는 것이 좋습니다.

# 조리하지 않고 먹는
# 채소스틱과 과일

사과, 배, 수박, 멜론, 참외 등의 과일은 스틱 형태로 썰어주어야 먹기 편합니다. 단, 바나나는 손으로 잡으면 쉽게 뭉개지므로 동그랗게 썰어주거나 껍질을 조금 남겨 쥐기 편하게 해주세요. 생으로 먹을 수 있는 채소로는 오이, 셀러리, 파프리카 등이 있습니다.

## 아이주도이유식 초기 채소 조리법

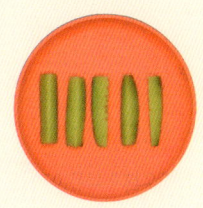

**오이스틱**
○ 오이 50g

1  오이는 씻어서 껍질을 벗긴 뒤 두께 2cm, 길이 5cm 크기로 썬다.

**셀러리스틱**
○ 셀러리 60g

1  셀러리는 줄기 부분만 두께 1~2cm, 길이 5cm 크기로 썬다.
   *tip* 이가 많이 나지 않았거나 단단한 식감을 싫어하는 아이에게는 익혀서 줘도 괜찮습니다. 중불에서 약 3분간 익힙니다.

**파프리카스틱**
○ 파프리카 60g

1  파프리카는 반으로 갈라 속의 씨를 긁어내고 5cm 길이로 썬다.
   *tip* 파프리카는 익혀 먹여도 되지만 찌면 질겨서 먹기 힘들 수 있습니다.

# Chapter 3
## 아이주도이유식 초기 레시피_6개월

아이주도이유식 초기 안내
아이주도이유식 초기 식단
아이주도이유식 초기 레시피

# 아이주도이유식 초기 안내

아이가 만 6개월이 되면 목을 완전히 가누고 허리에 힘이 생겨 유아용 의자에 앉아서 이유식을 먹을 수 있습니다. 이 시기에 이가 나기 시작하거나 만 6개월 전에 이가 나는 경우도 있습니다. 이가 전혀 없더라도 채소를 무르게 삶아서 주면 충분히 아이주도이유식을 시작할 수 있는 시기입니다. 아이주도이유식을 시작하고 처음 한 달은 아이가 먹는 채소보다 흘리거나 버리는 양이 더 많게 느껴질 수도 있습니다. 그러나 아이는 음식 재료를 탐색하고 맛보는 과정을 통해 음식을 삼키는 법, 고형 음식을 먹는 법과 쥐는 법 등을 배웁니다. 아이주도이유식 초기에는 채소를 조금씩 맛보고 가지고 노는 것만으로도 충분합니다.

### 이 시기에 먹이면 좋은 재료의 효능 및 보관법

| | |
|---|---|
| 쌀/찹쌀 | 탄수화물이 주성분으로 알레르기를 유발하는 경우가 거의 없어 이유식을 처음 시작할 때 적당합니다. 쌀알이 부서지지 않고 색이 얼룩 없이 일정한 것이 좋습니다. 밀봉해서 직사광선을 피해 서늘한 곳에 보관합니다. |
| 완두콩 | 완두콩은 콩류 중 식이섬유가 가장 풍부해 변비 예방에 좋습니다. 꼭지를 따지 않은 상태로 비닐봉지에 담아 냉장 보관합니다. |

 채소

| | |
|---|---|
| 감자 | 감자의 주성분은 탄수화물이며 철분, 마그네슘, 비타민 C, 비타민 $B_1 \cdot B_2$ 등의 영양 성분을 함유하고 있습니다. 특히 철분은 같은 양의 쌀밥보다 많아 철분 섭취에 도움을 줍니다. 다만 싹이 났거나 푸른색으로 변한 감자는 독성이 있으므로 먹지 말아야 합니다. 바람이 잘 통하는 곳에 보관합니다. |
| 고구마 | 탄수화물, 비타민 A, 비타민 B, 비타민 C, 나이아신 등을 함유하고 있으며 식이섬유가 풍부해 변비 예방에 좋습니다. 고구마는 냉장고보다는 10℃ 정도의 서늘하고 어두운 곳에 보관하는 것이 좋습니다. |
| 당근 | 비타민 A와 베타카로틴이 풍부해 시력 증진에 도움을 주고 비타민 $B_1 \cdot B_2$, 비타민 C, 인, 염소, 철, 칼슘을 함유하고 있습니다. |
| 애호박 | 저칼로리 식품으로 풍부한 섬유소와 비타민, 미네랄을 함유하고 있습니다. 표면이 고르고 흠집이 없으며 꼭지가 신선한 것이 좋습니다. 물기를 닦고 신문지나 종이로 싸서 습기가 없는 곳에 보관합니다. |
| 단호박 | 식이섬유와 비타민이 풍부합니다. 오래 두고 먹을 때는 반으로 잘라 씨를 긁어내고 랩으로 싸서 냉동 보관합니다. |
| 양배추 / 적양배추 | 식이섬유가 풍부하고 위궤양 치료에 효과가 좋으며 비타민 C가 풍부합니다. 바깥쪽 잎을 2~3장 뗀 다음 그 잎으로 싸서 냉장 보관합니다. |
| 오이 | 90%가 수분인 오이는 칼로리가 낮으며 비타민 C가 풍부합니다. 오이는 금방 상하기 때문에 가급적 구입한 당일에 먹는 것이 좋습니다. 냉장 보관할 때는 하나씩 신문지에 싸서 넣습니다. |
| 비타민 | 카로틴의 함량이 시금치의 2배이며 철분과 칼슘도 풍부해 성장기 아이에게 먹이면 좋습니다. 씻지 말고 비닐 팩에 담아 냉장 보관합니다. |
| 무 | 음식의 소화 흡수를 촉진하고 해열과 기침에도 효과가 있습니다. 신문지에 싸서 직사광선을 피해 바람이 잘 통하는 곳에 보관합니다. |
| 브로콜리 / 콜리플라워 | 브로콜리 100g에는 레몬의 2배, 감자의 7배에 해당하는 비타민 C가 함유되어 있으며 비타민 A와 B, 칼륨, 인도 풍부합니다. 살짝 데쳐서 비닐 팩에 담아 냉장 보관합니다. |
| 청경채 | 칼슘, 나트륨 등 각종 미네랄이 풍부해 치아와 골격의 발육에 좋습니다. 씻지 않은 상태로 비닐 팩에 담아 냉장 보관합니다. |

| 사과 | 사과에 함유된 케르세틴은 폐 기능을 강화해 담배 연기나 오염 물질로부터 폐를 보호하며, 비타민 C도 다량 함유되어 있습니다. 껍질에 탄력이 있는 것이 좋으며, 냉장 보관합니다. |
|---|---|
| 배 | 배에 들어 있는 루테올린 성분은 감기, 기침 등의 기관지 질환에 효능이 있으며 해열 기능도 합니다. 인베르타아제와 옥시다아제라는 효소는 소화에 도움을 줍니다. 묵직하고 상처 없는 것이 좋으며, 신문지에 싸서 냉장 보관합니다. |

| 소고기 | 필수아미노산이 골고루 들어 있어 성장기 아이에게 좋으며, 철분이 다량 함유되어 있습니다. 육질의 색이 선명한 것이 좋고 냉장 보관 시 2~3일, 냉동 보관 시 한 달 이내에 먹어야 합니다. |
|---|---|
| 닭고기 | 단백질이 풍부하며 섬유질이 가늘고 연해 소화 흡수가 잘됩니다. 목이나 다리의 잘린 부분이 붉은 갈색이나 노란색을 띠는 것은 좋지 않습니다. 냉동실에 보관하면 다른 고기에 비해 맛이 더 떨어지므로 냉장실에 보관했다가 하루나 이틀 안에 조리하는 것이 좋습니다. |

# 아이주도이유식 초기 식단

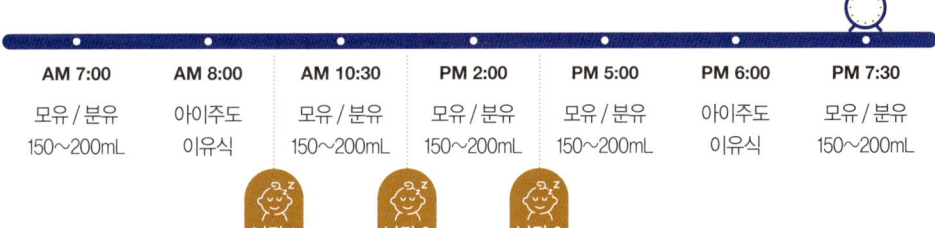

수유 · 이유식 스케줄 예

- 수유와 이유식 일정표는 바뀔 수 있습니다. 아이마다 자는 시간과 일어나는 시간이 다르므로 하루에 모유(또는 분유)를 4~5회 먹이면서 중간에 이유식 시간을 넣으면 됩니다. 이유식을 먹인 뒤 수유를 할 수도 있습니다.

### 아이주도이유식 초기 식단 구성

아이주도이유식을 시작할 때는 어떤 음식을 어떻게 먹여야 할지 고민스러울 것입니다. 다음 식단표(아이주도이유식 초기 식단표, 53쪽)는 아이주도이유식 초기에 식단을 구성할 때 참고하면 좋습니다.

이 식단표는 참고용으로 엄마가 아이의 선호도나 음식을 받아들이는 정도에 따라 바꿀 수 있습니다. 죽이유식과 병행하는 것도 좋습니다.

- 아이주도이유식을 시작했다고 반드시 아이주도이유식만 해야 하는 건 아닙니다. 아이주도이유식은 만 6개월에 시작하는 것을 권장합니다. 만 4~5개월에 이유식을 시작하는 경우 처음에는 미음이나 죽이유식을 하다 만 6개월이 되었을 때 아이주도이유식을 시작하는 것이 좋습니다. 또한 아이주도이유식을 시작한 후 죽이유식을 함께 해도 좋습니다.

    예) 아침 : 소고기미음 + 찐감자, 찐애호박

    　　저녁 : 닭고기미음 + 찐브로콜리, 사과

    예) 아침 : 소고기미음

    　　저녁 : 찐브로콜리, 찐애호박, 사과

- 죽이유식은 한 번에 3~7일 분량을 미리 만들어 냉동해놓고 사용하고, 매일 아침 그날 먹을 분량의 채소만 찌면 편합니다.(단, 한 번 해동한 식품을 다시 냉동해선 안 됩니다.)
- 특별한 재료, 평소에 잘 먹지 않는 재료보다는 가족도 함께 먹을 수 있는 재료로 이유식을 만들면 재료의 낭비를 막을 수 있습니다.

    예) 아이에게 쪄주고 남은 애호박으로 된장찌개 끓이기

    예) 양배추미음을 만들고 남은 양배추는 양배추가 많이 들어가는 요리(오코노미야키, 코울슬로, 닭갈비)에 활용하기

- 삶은 채소를 주기 전 며칠은 미음 종류로 식단을 구성했는데, 이 부분은 엄마의 재량으로 삶은 채소로 바꾸거나 미음과 삶은 채소를 함께 줘도 무방합니다.
- 이 식단표에 책에 나온 모든 요리가 들어 있는 것은 아닙니다. '아이주도이유식 요리' 부분은 식단표를 그대로 따르지 않고 엄마가 만들고 싶은 요리나 아이가 좋아할 만한 책에 있는 다른 요리로 바꿔서 줘도 무방합니다.
- 삶은 채소만 주다 '아이주도이유식 요리'를 해주는 경우, 한 번에 여러 가지를 만들려면 손이 많이 갈 수 있습니다. 삶은 채소를 기본으로 주고 2~3일에 한 번씩 '아이주도이유식 요리'를 만드는 방식으로 식단표를 구성했습니다. 또한 '아이주도이유식 요리'는 그날그날 만들어 먹이기 어려울 경우 냉장고에 보관해놓고 2~3일에 걸쳐서 줘도 괜찮습니다.

## 아이주도이유식 초기 식단표

| | 1 | 2 | 3 | 4 | 5 | 6 | 7 | 1주 차 장바구니 |
|---|---|---|---|---|---|---|---|---|
| 1회 | 쌀미음 | 쌀미음 | 쌀미음 | 쌀미음 | 감자미음 | 감자미음 or 고구마미음 | 감자미음 or 고구마미음 | 쌀가루<br>감자 또는 고구마 |
| 2회 | | | | | | | | |

| | 8 | 9 | 10 | 11 | 12 | 13 | 14 | 2주 차 장바구니 |
|---|---|---|---|---|---|---|---|---|
| 죽 | 소고기미음 | 소고기미음 | 소고기미음 | 소고기미음<br>애호박미음 | 소고기미음<br>애호박미음 | 소고기미음<br>에호박미음 | 소고기미음<br>애호박미음 | 소고기<br>감자, 고구마<br>브로콜리, 애호박<br>사과 |
| 1회 | 찐감자<br>찐브로콜리 | 찐감자<br>찐브로콜리 | 찐고구마<br>찐애호박 | 찐고구마<br>찐애호박 | 찐브로콜리<br>사과 | 찐브로콜리<br>사과 | 찐브로콜리<br>사과 | |
| 2회 | 찐감자<br>찐브로콜리 | 찐감자<br>찐브로콜리 | 찐고구마<br>찐애호박 | 찐고구마<br>찐애호박 | 찐브로콜리<br>찐고구마 | 찐브로콜리<br>찐고구마 | 찐브로콜리<br>찐고구마 | |

| | 15 | 16 | 17 | 18 | 19 | 20 | 21 | 3주 차 장바구니 |
|---|---|---|---|---|---|---|---|---|
| 죽 | 소고기미음<br>배미음 | 소고기미음<br>배미음 | 소고기미음<br>배미음 | 닭고기미음<br>당근미음 | 닭고기미음<br>당근미음 | 닭고기미음<br>당근미음 | 닭고기미음<br>당근미음 | 소고기, 닭고기<br>당근, 애호박<br>단호박, 감자<br>떡뻥, 사과, 배 |
| 1회 | 찐당근<br>찐애호박 | 감자당근매시스틱<br>사과 | 감자당근매시스틱<br>사과 | 단호박쌀가루볼<br>찐애호박 | 단호박쌀가루볼<br>찐애호박 | 사과티딩러스크<br>찐단호박 | 사과티딩러스크<br>찐단호박 | |
| 2회 | 떡뻥, 배 | 찐단호박<br>찐당근 | 찐단호박<br>찐당근 | 찐단호박<br>찐애호박 | 찐단호박<br>찐애호박 | 떡뻥, 배 | 찐단호박<br>사과 | |

| | 22 | 23 | 24 | 25 | 26 | 27 | 28 | 4주 차 장바구니 |
|---|---|---|---|---|---|---|---|---|
| 죽 | 소고기브로콜리미음<br>닭고기미음 | 소고기브로콜리미음<br>닭고기미음 | 소고기브로콜리미음<br>닭고기미음 | 소고기브로콜리미음<br>닭고기미음 | 소고기브로콜리미음<br>닭고기미음 | 소고기브로콜리미음<br>닭고기미음 | 소고기브로콜리미음<br>닭고기미음 | 소고기, 닭고기<br>브로콜리, 고구마<br>바나나, 사과<br>완두콩 |
| 1회 | 찐브로콜리<br>찐고구마, 바나나 | 찐브로콜리<br>찐고구마, 바나나 | 찐고구마<br>사과퓌레 | 찐고구마<br>사과퓌레 | 소고기완두콩스틱<br>사과 | 소고기완두콩스틱<br>사과 | 찐브로콜리<br>바나나, 떡뻥 | |
| 2회 | 바나나티딩러스크<br>찐브로콜리 | 바나나티딩러스크<br>찐브로콜리 | 찐고구마<br>찐브로콜리 | 찐고구마<br>찐브로콜리 | 완두콩퓌레<br>찐고구마 | 완두콩퓌레<br>찐고구마 | 찐고구마<br>사과 | |

| | 29 | 30 | | | | | | 5주 차 장바구니 |
|---|---|---|---|---|---|---|---|---|
| 죽 | 소고기양배추미음<br>당근애호박미음 | 소고기양배추미음<br>당근애호박미음 | | | | | | 소고기, 양배추<br>당근, 애호박<br>감자, 바나나 |
| 1회 | 바나나티딩러스크<br>찐당근 | 바나나티딩러스크<br>찐당근 | | | | | | |
| 2회 | 찐당근, 찐애호박<br>찐감자 | 찐당근, 찐애호박<br>찐감자 | | | | | | |

아이주도이유식 초기 레시피

# 감자당근매시스틱

### 비타민 A·C 풍부, 면역력 강화

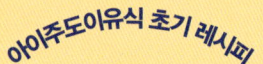

아이주도이유식 초기의 기본 식단은 삶은 채소입니다. 이 식단에 변화를 주고 싶을 때는 당근감자매시스틱을 만들어보세요. 당근, 감자, 쌀가루로 만들어 초기에도 부담 없이 먹일 수 있고 만들기도 쉽습니다. 감자는 탄수화물뿐만 아니라 비타민 C도 풍부해 땅속의 사과라고 불리며, 감자의 비타민 C는 익혀도 쉽게 파괴되지 않습니다. 또한 당근에는 면역력을 키워주는 비타민 A가 풍부해 꾸준히 먹이면 질병 예방에도 도움이 됩니다.

### 재료

○ 당근 1/2개(100g)
○ 감자 1/2개(100g)
○ 쌀가루 3큰술

● 채소는 특별한 언급이 없으면 모두 중간 크기를 사용합니다.

● 당근과 감자는 빨리 익도록 썰어서 익히세요.

● 당근, 시금치, 배추 등의 채소는 질산염 함량이 높은 편이라 생후 6개월 이전 아이에게 먹이면 빈혈을 일으킬 수 있어요. 또한 당근은 오래 보관하면 질산염이 증가하므로 싱싱한 것으로 준비하고, 한꺼번에 만들어 며칠씩 주지 말고 그날그날 먹여야 합니다.

1 당근과 감자는 각각 중약불에 찐다. 감자 15분, 당근 25분.
2 1의 당근과 감자를 절구나 푸드 매셔를 이용해 으깬다.
3 2에 쌀가루를 넣고 치댄다.
   **tip** 쌀가루를 같이 넣으면 먹을 때 손에 덜 묻고, 죽이유식을 하지 않아도 쌀을 섭취할 수 있어요.
4 3의 반죽을 길쭉한 모양이나 동그란 모양으로 빚은 다음 에어프라이어에 넣고 180℃에서 10분간 굽는다.
   **tip** 5분간 구운 뒤 뒤집어서 5분 더 구워주세요.

### 응용 레시피

⊙ **어울리는 다른 채소**

감자 대신 고구마나 단호박을 넣어 매시스틱을 만들어보세요. 단호박은 그냥 찌면 손에 많이 묻는 재료지만 매시스틱으로 만들어 구우면 손에 덜 묻습니다. 또한 고구마와 단호박은 달콤한 맛이 나 아이가 자주 찾는 간식이 될 거예요.
에어프라이어나 오븐을 이용하기 어렵다면 4의 과정 대신 전자레인지나 프라이팬을 이용해서 만들 수 있습니다. 단, 조리도구가 달라질 경우, 감자당근매시스틱의 단단한 정도는 다를 수 있어요.

⊙ **전자레인지 이용**

1 3의 반죽을 스틱이나 동그란 모양으로 빚은 다음 전자레인지용 그릇에 올리고 1분 간격으로 3분간 익힌다.
   ● 전자레인지의 사양이나 양에 따라 익는 정도가 다를 수 있으니 1분간 익힌 후 꺼내서 쌀가루가 익었는지 확인하고 익지 않았으면 다시 1분씩 추가해서 약 3분간 익히면 됩니다.
   ● 랩을 씌우고 전자레인지에 익힐 경우, 수분이 빠져나가지 못해 물러지므로 랩을 씌우지 말고 익혀주세요.

⊙ **프라이팬 이용**

1 3의 반죽을 스틱 모양으로 빚는다.
2 중약불로 달군 프라이팬에 물 1큰술을 두른 후 감자당근매시스틱을 올려 약 3분간 굽는다.
   ● 이때 뚜껑을 닫고 익히면 더 빨리 골고루 익힐 수 있어요.

아이주도이유식 초기 레시피

# 단호박브로콜리매시스틱

**비타민 C 풍부, 뼈 건강에 도움**

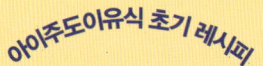

브로콜리는 이유식 초기부터 먹일 수 있는 채소로 비타민 C가 풍부하고 칼슘의 흡수를 촉진해 뼈의 건강을 돕는 역할을 합니다. 그러나 브로콜리 특유의 향과 맛 때문에 그냥 삶아주면 아이가 먹지 않을 수도 있습니다. 그럴 때는 단맛이 나는 단호박과 섞어 브로콜리단호박스틱을 만들어주면 아이가 좋아하는 음식이 될 거예요.

### 재료

○ 브로콜리 꽃송이 부분 1/4컵(55g)
○ 단호박 230g

● 쌀가루를 추가하지 않았다면 단호박브로콜리매시스틱을 오븐에 굽지 않고 바로 먹어도 됩니다. 단, 이 상태로는 단단함이 덜해 쉽게 부서질 수 있어요.

1  브로콜리는 꽃송이 부분만 따로 떼어내고 단호박은 반으로 잘라 씨를 발라낸다.
   **tip** 단호박은 껍질째 찐 다음 껍질을 벗겨도 되고 미리 껍질을 벗기고 잘라 쪄도 됩니다.

2  1의 브로콜리와 단호박을 찜기에 넣고 중불에서 20분 정도 찐다.

3  찐 브로콜리는 잘게 다지고 찐 단호박은 껍질을 벗긴 다음 푸드 매셔로 으깬다.

4  3의 브로콜리와 단호박을 섞어 스틱 모양으로 만든다.
   **tip** 이때 쌀가루를 3큰술 정도 추가하면 손에 덜 달라붙어 편하게 먹을 수 있습니다.

5  단호박브로콜리매시스틱을 에어프라이어에 넣고 180℃에서 5분간 구운 뒤 뒤집어서 3분 더 굽는다.

### 응용 레시피

⊙ **고구마브로콜리매시스틱, 고구마콜리플라워매시스틱, 단호박콜리플라워매시스틱**
단호박 대신 고구마, 브로콜리 대신 콜리플라워를 사용해도 좋아요.

⊙ **전자레인지 이용**
1  4의 과정에 쌀가루를 추가했다면 단호박브로콜리 반죽을 스틱이나 공 모양으로 빚은 다음 전자레인지용 그릇에 올린다.
2  1분씩 추가하며 쌀가루가 익을 때까지 약 3분간 익힌다.

⊙ **프라이팬 이용**
1  4의 단호박브로콜리 반죽을 스틱 모양으로 빚는다.
2  중약불로 달군 프라이팬에 물 1큰술을 두르고 모양을 낸 반죽을 올린다. 타지 않도록 조심하며 조금 단단해지도록 약 2~3분간 익힌다.

아이주도이유식 초기 레시피

# 단호박쌀가루볼

**식이섬유 풍부, 눈 보호**

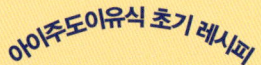

아이에게 변비가 있다면 단호박으로 이유식을 만들어주세요. 단호박은 식이섬유가 풍부해 변비 예방에 효과적이며, 호박류에 풍부한 베타카로틴은 체내에서 비타민 A로 전환되어 아이의 눈 건강에도 좋아요.

### 재료

○ 단호박 230g
○ 쌀가루 4큰술

● 단호박은 딱딱해서 자르기가 쉽지 않은데, 전자레인지에 넣고 3분 정도 돌리면 자르기가 수월해요. 다만 단호박 크기에 따라 무른 상태가 다르므로 먼저 3분을 돌린 후 그래도 잘 잘리지 않으면 1분씩 더 돌리세요.

### 응용 레시피

⊙ **단호박찹쌀볼**
반죽을 동그랗게 빚어 단호박찹쌀볼을 만들어도 좋아요.

⊙ **단호박쌀가루스틱**
반죽을 길쭉하게 빚어 단호박쌀가루스틱을 만들어도 좋아요.

1  단호박은 반으로 잘라 씨를 제거한다.

2  1의 단호박을 찜기에 넣고 중불에서 20분간 찐다.

3  2의 단호박은 껍질을 제거하고 푸드 매셔로 으깬 다음 쌀가루 4큰술을 섞는다.

4  🍳3을 볼 형태로 빚어 에어프라이어에 넣고 150℃에서 5분간 굽는다.
   🔲3을 볼 형태로 빚어 150℃로 예열한 오븐에 5분간 굽는다.

아이주도이유식 초기 레시피

# 소고기완두콩스틱

**비타민·식이섬유 다량 함유**

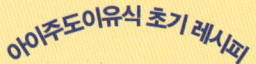

완두콩은 찌면 단맛이 나고 집어 먹는 과정을 통해 손가락 운동을 할 수 있어 아이주도이유식에서 자주 먹이는 재료 중 하나입니다. 아이주도이유식 초기는 아이가 씹거나 삼키는 걸 배우는 과정이라 완두콩처럼 크기가 작은 것은 갑자기 목으로 넘어가 먹기 힘들 수 있어요. 그렇다고 두뇌 활동을 도와주는 비타민 $B_1$이 다량 함유되어 있고 비타민 A 및 식이섬유가 풍부한 완두콩을 먹이지 않을 수는 없겠죠? 그럴 때는 소고기와 섞어 완두콩소고기스틱을 만들어보세요.

### 재료

○ 간 소고기 100g
○ 완두콩 1/2컵(80g)
○ 쌀가루(또는 찹쌀가루) 3큰술

● 완두콩은 껍질 한쪽을 가위로 잘라내고 삶으면 나중에 껍질을 분리하기가 쉬워요.

● 오븐에 구운 완두콩소고기스틱은 어느 정도 식힌 뒤 떼어내세요. 뜨거울 때 떼려고 하면 종이 포일에 달라붙어 부서질 수 있어요.

1. 완두콩은 껍질째 끓는 물에 10분 정도 삶는다.
2. 삶은 완두콩은 찬물에 헹군 뒤 껍질을 제거하고 믹서에 곱게 간다.
3. 볼에 소고기, 2의 완두콩, 쌀가루(찹쌀가루)를 넣고 섞은 다음 스틱 형태로 만든다.
4. 에어프라이어에 넣고 180℃에서 5분간 구운 뒤 뒤집어서 3분간 더 굽는다.

### 응용 레시피

◉ 프라이팬 이용
1. 중약불로 달군 프라이팬에 물 1큰술을 두른 후 3의 소고기완두콩스틱을 올리고 약 5분간 익힌다.
2. 타지 않도록 뒤집으며 소고기가 다 익을 때까지 굽는다.

아이주도이유식 초기 레시피
# 고구마사과구이

## 변비 예방

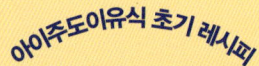

고구마와 사과는 함께 먹으면 좋은 음식이에요. 고구마는 변비에 좋지만 섬유질과 아마이드라는 성분 때문에 장에 가스가 차기 쉬운데 사과와 함께 먹으면 사과의 팩틴 성분이 장내 이상 발효를 막아줍니다. 쌀가루를 섞어 오븐에 구우면 손에 묻지도 않아 아이가 편하게 먹을 수 있어요.

### 재료

- 고구마 110g
- 사과 60g
- 쌀가루 2큰술

● 쌀가루를 생략한다면 오븐에 굽지 않고 바로 볼이나 스틱 형태로 만들어 먹여도 좋습니다.

### 응용 레시피

1. 고구마는 껍질을 벗기고 썰어 찜기에 넣고 10분 이상 쪄 완전히 익힌다.
2. 사과는 껍질을 벗긴 뒤 씨를 제거하고 3mm 크기로 잘게 썬다.
3. 1의 고구마는 푸드 매셔나 숟가락을 이용해 으깬다.
4. 3에 2의 사과와 쌀가루(또는 찹쌀가루)를 넣고 섞는다.
   *tip* 쌀가루나 찹쌀가루를 생략하고 고구마와 사과만 섞어 볼로 만들어도 좋습니다. 그럴 경우 4~5번 과정은 생략해도 좋습니다.
5. 4를 한 스푼씩 떠서 동그랗게 빚는다.
   180℃에서 8분간 굽는다.(이때 4분을 구운 다음 뒤집어서 4분 더 굽는다.)
   180℃로 예열한 오븐에 10분간 굽는다.

#### ⊙ 전자레인지 이용

1. 4의 고구마사과쌀가루 반죽을 스틱이나 공 모양으로 빚어 전자레인지용 그릇에 올리고 랩을 덮는다.
2. 1분씩 추가하며 쌀가루가 익을 때까지 약 3분간 익힌다.

#### ⊙ 찜기 이용

1. 찜기에 면포를 깔고 잘 섞은 4의 고구마사과쌀가루 반죽을 넣는다.
2. 뚜껑을 덮고 약불에서 약 10분간 익힌다. 젓가락으로 찔러보아 반죽이 묻어 나온다면 조금 더 익힌다.
3. 다 익으면 어느 정도 식힌 다음 공 모양을 만든다.

아이주도이유식 초기 레시피

# 고구마티딩러스크

**식이섬유 풍부, 변비 예방**

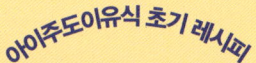

고구마는 비타민 C와 식이섬유가 풍부해요. 단맛이 있어 쌀가루를 섞어 티딩러스크를 만들었을 때 아이들이 좋아하는 채소 중 하나랍니다.

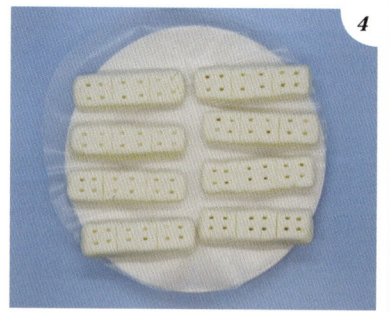

○ 고구마 1/3개(100g)
○ 쌀가루 2/3컵(100g)
○ 물 105mL

1 고구마는 껍질을 벗긴 뒤 잘라서 찜기에 15분간 찐다.
   *tip* 고구마가 익는 시간을 줄이기 위해 잘라서 찌는데, 크기는 중요하지 않아요. 조리 시간은 찜기에 고구마를 넣고 불을 켰을 때부터 잰 시간입니다.

2 1의 고구마가 익으면 꺼내 푸드 매셔나 포크, 숟가락 등을 이용해 으깬다.

3 2의 으깬 고구마에 쌀가루와 물을 넣고 반죽한다.

4 반죽을 30g씩 나눠 두께 1cm, 길이 5cm, 너비 2cm 크기의 티딩러스크 모양을 만든다.
   *tip* 모양은 크게 중요하지 않아요. 아이가 쥐기 좋은 크기로 만들어주세요.

5 에어프라이어에 넣고 180℃에서 10분간 굽는다.
   *tip* 180℃에서 10분을 구우면 겉은 바삭하고 속은 촉촉합니다. 조금 더 딱딱한 식감을 원한다면 3분 더 구워주세요.

아이주도이유식 초기 레시피

# 당근설기

**눈 건강 증진, 면역력 강화**

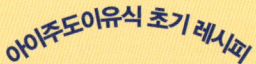

아이가 찐 당근을 좋아하지 않는다면 쌀가루와 섞어서 쪄 당근설기를 만들어보세요. 당근의 예쁜 색과 쌀가루의 고소한 맛이 만나 아이가 좋아하는 음식이 될 거예요.

**재료**

○ 당근 1/2개(100g)
○ 쌀가루 1+1/3컵(200g)
○ 물 1/4컵(60mL)

1  당근은 잘라서 찜기에 넣고 중불에서 20분간 찐다.

2  자른 당근은 물과 함께 믹서에 간다.

3  쌀가루에 2를 넣고 잘 섞는다.

4  찜기에 면포를 깔고 3을 넣어 중불에서 30분간 찐 다음 불을 끄고 5분간 뜸을 들인다.

5  식힌 당근설기를 아이가 먹기 좋은 크기로 썬다.
   **tip** 충분히 식힌 다음에 꺼내야 부서지지 않아요.

아주도이유식 초기 레시피
# 당근쌀국수

### 눈 건강 증진, 면역력 강화

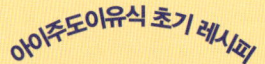

아주도이유식 초기에도 먹일 수 있는 면 요리를 소개할게요. 당근을 넣은 쌀국수는 안심하고 먹일 수 있으면서 그동안 먹던 채소와는 질감이 달라 아이에게 즐거운 경험을 선사할 거예요. 당근은 비타민 A가 풍부해 눈 건강에 도움을 주고 면역력도 강화해주는 식품이랍니다.

### 재료

- 당근 1/2개(100g)
- 쌀국수 면 100원짜리 동전 크기로 한 줌
- 어린이 치즈 1/4장
- (과정 2) 물 1/2컵(125mL)

### 응용 레시피

당근 대신 다른 채소를 넣어도 좋아요. 채소를 바꿔 비트쌀국수, 브로콜리쌀국수 등 다양한 맛으로 즐길 수 있어요.

1. 당근은 빨리 익도록 작게 썰어 찜기에 넣고 20분 이상 쪄 완전히 익힌다.
2. 믹서에 1의 당근과 물을 넣고 간다.
3. 쌀국수 면은 끓는 물에 2~3분간 삶아 찬물에 헹군 뒤 물기를 빼놓는다.
4. 달군 프라이팬에 2를 넣고 살짝 휘젓는다.
5. 4에 3의 쌀국수 면을 넣고 섞어가며 볶는다.
6. 당근과 면이 잘 섞이면 치즈를 넣어 녹인다.

아이주도이유식 초기 레시피

# 바나나티딩러스크

**칼륨과 식이섬유 풍부, 변비 예방**

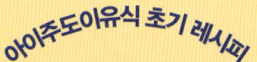

바나나는 비타민 A와 C가 풍부하며 당질이 많아요. 또한 소화가 잘되어 아이가 먹기 좋은 과일이에요. 갈색 반점이 생긴 바나나를 이용하면 변비가 있는 아이에게 좋답니다.

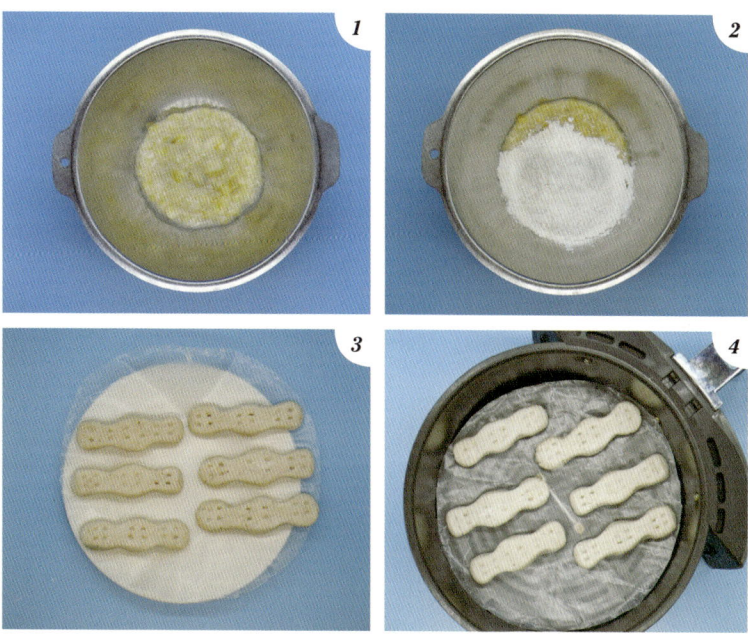

**재료**

- 바나나 2/3개(100g)
- 쌀가루 2/3컵(100g)
- 물 2큰술

*1* 바나나는 껍질을 벗긴 다음 으깬다.

*2* 1의 바나나에 쌀가루와 물을 넣어 반죽한다.

*3* 2의 반죽을 30g씩 떼서 두께 1cm, 너비 2cm, 길이 5cm 크기의 티딩러스크를 만든다.

*4* 3을 에어프라이어에 넣고 180℃에서 10분간 굽는다.
 좀 더 바삭하게 만들고 싶다면 2~3분 더 구워주세요.

아이주도이유식 초기 레시피

# 사과티딩러스크

**수용성 식이섬유 풍부, 배변 활동 촉진**

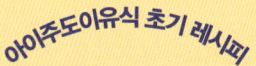

사과는 수용성 식이섬유가 풍부한데, 이 성분은 장의 기능을 활발하게 해주며 변비를 예방하고 배변을 촉진하는 효과가 있어요. 또한 사과에는 다양한 비타민이 풍부하게 들어 있어요. 티딩러스크로 만들어도 사과의 향긋함과 단맛이 남아 있어 아이들이 좋아한답니다.

**재료**

○ 사과퓌레 100g
○ 쌀가루 2/3컵(100g)

● 사과 약 300g을 사용하면 사과를 갈아서 물기를 제거했을 때 사과퓌레 100g을 얻을 수 있어요.

1  사과 300g을 강판에 간다.

2  1의 사과를 체에 밭쳐 즙은 빼고 퓌레만 남긴다.

3  2에 쌀가루를 섞어 반죽한다.

4  3의 반죽을 30g씩 떼서 두께 1cm, 너비 2cm, 길이 5cm 크기의 티딩러스크를 만든다.

5  에어프라이어에 넣고 180℃에서 10분간 굽는다.
   *tip* 조금 더 단단한 식감을 원한다면 3분 더 구워주세요.

아이주도이유식 초기 레시피

# 쌀가루식빵

**글루텐 프리**

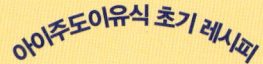

아이주도이유식 초기에도 안심하고 먹일 수 있는 식빵입니다. 쌀가루를 활용하면 밀가루식빵보다 쫄깃하면서 백설기와 비슷한 식감의 식빵을 만들 수 있어요. 어른에게는 특별한 맛이 아니지만 아이들이 좋아하는 간식이랍니다.

#### 재료

- 쌀가루 2컵(300g)
- 모유(또는 분유물) 1/4컵(60mL)
- 플레인 요구르트 4큰술(80g)
- 무염 버터 2큰술
- 드라이 이스트 1작은술
- 달걀노른자 1개

● 일반 쌀가루 대신 베이킹용으로 나온 강력쌀가루를 사용하면 조금 더 폭신한 느낌이 나는 식빵을 만들 수 있습니다.

● 생후 6개월부터 달걀노른자를 시도해 볼 수 있습니다. 알레르기가 염려된다면 중기 이후에 다시 시도해보세요.

1 쌀가루를 체에 내린 다음 모유(또는 분유물), 플레인 요구르트, 무염 버터, 달걀노른자, 드라이 이스트를 넣고 섞는다.
  *tip* 모유나 분유물, 플레인 요구르트, 무염 버터, 달걀노른자 모두 차가운 상태로 사용하면 안 됩니다. 반드시 실온에 1시간가량 두었다가 사용하세요.

2 1의 반죽을 점성이 생길 때까지 손으로 약 15분간 치댄다. 처음에는 손에 많이 달라붙으므로 손에 쌀가루를 조금씩 묻혀가며 치댄다.

3 2의 반죽을 3등분해 공 모양으로 만든 다음 면포나 랩을 씌워 따뜻한 곳에서 1시간 동안 발효시킨다.

4 도마 위에 쌀가루를 뿌린 뒤 3의 반죽을 1개씩 놓고 밀대를 이용해 편다.
  *tip* 밀대에도 쌀가루를 발라 반죽이 달라붙거나 찢어지지 않게 하세요.

5 반죽의 양끝을 가운데로 접은 다음 끝에서부터 돌돌 만다. 나머지 반죽도 같은 모양으로 만든다.

6 5의 롤 모양 반죽을 식빵 틀에 넣고 면포나 랩을 씌워 따뜻한 곳에서 30분간 발효시킨 다음 200℃로 예열한 오븐에 25분간 굽는다.
  *tip* 밀가루식빵이 아니고 이스트가 부풀도록 돕는 소금이나 설탕을 넣지 않기 때문에 크게 부풀지 않아요.

아이주도이유식 초기 레시피

# 쌀빵티딩스틱

## 간편하게 쌀과 분유 섭취

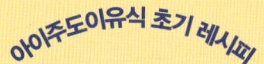

간단한 재료를 이용해 아이가 쌀과 분유를 모두 섭취할 수 있고, 손에 쥐고 먹을 수 있는 티딩스틱을 만들어보세요.

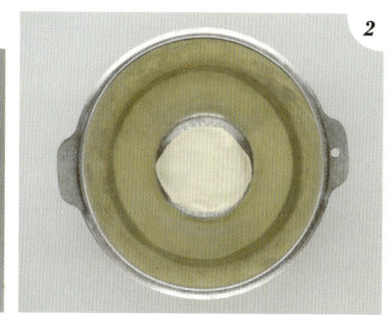

재료

○ 쌀가루 90g
○ 모유(또는 분유물) 1/4컵(60mL)
○ 무염 버터 5g

1  쌀가루, 모유(또는 분유물), 무염 버터를 섞는다.
   tip 버터는 전자레인지에 넣고 10~20초간 돌려 녹여서 사용하세요.

2  1을 손으로 치대며 반죽해 동그란 모양을 만든다.

3  2의 반죽을 18~20g씩 떼서 스틱 모양으로 만들어 에어프라이어에 넣고 150℃에서 10분간 굽는다.
   tip 스틱은 길이 6cm, 두께 0.5cm 크기로 약 8개 분량입니다.

아이주도이유식 초기 레시피

# 소고기굴림만두

**철분 섭취**

생후 6개월이 지나면 엄마에게서 받은 철분이 소진되기 시작하므로 이때부터는 아이에게 소고기를 먹여 철분 섭취를 도와야 합니다. 철분이 부족하면 칼슘도 잘 흡수되지 않기 때문이지요. 그러나 소고기는 삶아서 주면 너무 질겨 아이가 씹어 삼키기 어렵고, 소고기를 빨아 먹을 때 나오는 육즙을 섭취하면 된다고 하지만 영양분을 온전히 섭취했으면 하는 게 엄마의 마음이죠. 이럴 땐 다진 소고기를 이용해 소고기굴림만두를 만들어보세요. 각종 채소가 들어가 비타민과 무기질도 섭취할 수 있고 질기지 않아 아이도 편하게 먹을 수 있습니다.

### 재료

- 다진 소고기 150g
- 당근 40g
- 양송이버섯 2개
- 양파 1/4개(30g)
- 다진 양배추 20g
- 두부 1/4모(100g)
- 달걀노른자 1개
- 쌀가루 약간

● 버섯은 다른 종류로 대체 가능합니다. 다만 새송이버섯이나 팽이버섯은 익으면 아이가 먹기엔 질길 수 있으니 잘게 다져서 사용하세요.

● 엄마, 아빠가 함께 먹을 수 있는 양입니다. 아이 몫을 덜어놓고 변형 레시피를 만들어보세요.

● 중기 이후 이유식이나 어른 식사용으로 만들 때는 쌀가루 대신 밀가루를 써도 됩니다.

1. 당근, 양송이버섯, 양파, 양배추는 잘게 다지고 두부는 면포에 넣고 물기를 짜서 준비한다.
2. 볼에 1의 다진 채소, 달걀노른자, 으깬 두부, 소고기를 넣고 섞는다.
3. 2를 쫀득한 느낌이 날 때까지 손으로 치댄다.
4. 3을 조금씩 떠서 한입 크기로 동그랗게 만든다.
5. 접시 위에 쌀가루를 붓고 그 위에 4를 굴려 쌀가루 옷을 입힌다.
6. 냄비에 물을 부어 끓기 시작하면 5의 소고기굴림만두를 넣어 익힌다.
7. 6의 소고기굴림만두가 위로 떠오르면 건진다.
8. 7의 소고기굴림만두를 쌀가루 위에 다시 굴려 끓는 물에 넣어 익힌다.
   *tip* 5~7 과정을 3회 정도 반복한다.

### 응용 레시피

◉ 고기와 채소를 섞어 치댈 때 아이용을 남겨두고 소금, 후추, 다진 마늘을 추가해 어른용 만두를 만들 수 있어요. 이렇게 만든 소고기굴림만두를 만둣국이나 각종 찌개에 넣어 먹으면 맛있어요.

◉ **소고기굴림만두스튜**
탄수화물, 단백질, 철분, 비타민이 골고루 들어간 영양 만점 굴림만두채소스튜도 만들어보세요. 당근, 감자, 셀러리, 양파 껍질 등을 이용해서 만든 육수에 소고기굴림만두를 넣고 뭉근히 끓이면 영양과 맛이 배가 되는 스튜가 완성됩니다.

아이주도이유식 초기 레시피

# 아기 배숙

**기침 완화, 기관지 질환 예방**

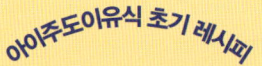

아이가 감기에 걸렸다면 배숙을 만들어 먹여보세요. 배는 기관지 질환에 도움을 줘 감기, 천식 등에 좋으며, 가래와 기침을 없애주고 배가 차고 아플 때 증상을 완화해주는 효과가 있어요.

### 재료

○ 배 1개

● 배를 쪄서 즙을 내기 때문에 중간 크기 배 1개를 사용하면 됩니다.

● 보통 배숙을 만들 때 꿀이나 대추, 생강 등을 함께 넣어 끓이지만, 돌 전 아이에게는 배만 이용해서 만들어주세요.

1  배는 윗부분을 뚜껑처럼 자른 뒤 숟가락으로 속을 파낸다. 이때 가운데의 씨와 딱딱한 부분은 버리고 과육은 덜어놓는다.

2  1의 배 안에 파낸 과육을 다시 집어넣고 그릇을 받친 뒤 찜기에 올린다.
   *tip* 배를 찌는 과정에 과즙이 나오므로 반드시 그릇째 찜통 위에 올려주세요.

3  약불에서 1시간 동안 끓인다.

4  3의 배 속에 있는 과육을 체에 거른 다음 그릇에 흘러나온 과즙과 배즙을 섞어 먹인다.
   *tip* 과육은 버리지 말고 간식으로 먹여도 좋아요.

아이주도이유식 초기 레시피

# 쌀미음

**제일 처음 먹이는 죽이유식**

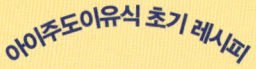

본격적으로 아이주도이유식을 하기 전에 아이에게 이유식 연습을 시키고 싶다면 받아들이기 쉬운 쌀미음부터 시작해보세요. 쌀은 알레르기 반응이 거의 없어 이유식에서 제일 먼저 쓰는 재료입니다. 쌀미음을 3일 정도 먹인 뒤 재료를 하나씩 첨가하면 됩니다.

### 재료

○ 쌀가루 1큰술
○ 물 1컵(250mL)

● 불린 쌀을 이용할 경우 쌀은 30분 이상, 찹쌀은 40분 이상 불린 다음 믹서에 곱게 갈아 사용합니다.

● 쌀가루(또는 찹쌀가루) 1큰술과 물 1컵으로 만들면 3일 정도 먹을 양이 나와요. 초기에는 물의 양이 쌀의 10~20배가 되도록 만들므로 더 많이 먹는 아이라면 양을 10배, 20배 죽에 맞게 늘리면 됩니다.

● 쌀가루나 찹쌀가루는 찬물에 섞어야 잘 풀어져요. 뜨거운 물에 넣으면 가루가 뭉쳐 잘 풀어지지 않아요.

**1** 쌀가루와 물을 섞는다.

  **tip** 계량컵이 없을 경우 젖병을 이용해 계량하면 편해요.

**2** 1을 중불에 올려 끓어오르기 시작하면 약불로 줄인 뒤 5분 이상 계속 저으며 끓인다.

  **tip** 농도는 주걱으로 들었을 때 주르륵 흘러내리는 정도면 적당해요.

**3** 2를 체에 한 번 거른다.

### 응용 레시피

◉ **찹쌀미음**
쌀미음을 2~3일 먹인 다음 찹쌀미음을 만들어보세요. 찹쌀은 몸을 따뜻하게 하고 설사를 멎게 하는 효능이 있어 아이가 설사를 할 때 찹쌀로 이유식을 만들어주면 좋습니다.

아이주도이유식 초기 레시피

# 감자미음·고구마미음

### 비타민 C 풍부, 감기 예방

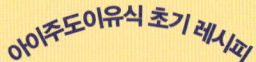

감자는 탄수화물뿐만 아니라 비타민 C도 풍부해 감기 예방에 효과적인데, 감자의 비타민 C는 조리 중에도 잘 파괴되지 않아요. 고구마에는 식이섬유인 셀룰로오스가 함유되어 장 운동을 향상시키기 때문에 변비가 있는 아이에게 좋아요.

### 재료

- 감자(또는 고구마) 20g
- 쌀가루 1큰술
- 물 1컵(250mL)

1 감자(또는 고구마)는 껍질을 벗기고 찜기에 넣어 10분 이상 푹 익힌다.

2 찐 감자(또는 고구마)를 푸드 매셔, 숟가락, 절구 등을 이용해 으깬다.

3 냄비에 2와 쌀가루, 물을 넣고 중불에 올려 끓어오르기 시작하면 약불로 줄인 뒤 7분간 끓인다.

4 3을 체에 한 번 거른다.

아이주도이유식 초기 레시피

# 단호박미음

**면역력 강화, 변비 예방**

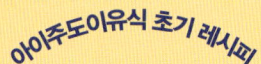

단호박은 비타민 C와 면역력을 높이는 베타카로틴이 다량 함유되어 감기 예방에 도움이 되는 식품이에요. 소화가 잘되고 식이섬유가 풍부해 변비가 있는 아이에게도 좋아요.

**재료**

○ 단호박 30g(껍질을 제거하고 으깬 양)
○ 쌀가루 1큰술
○ 물 1컵(250mL)

● 쌀가루 대신 불린 쌀을 이용해도 좋아요. 흰쌀을 30분 이상 물에 불린 뒤 절구에 빻거나 믹서에 곱게 갈아서 1큰술 넣으면 됩니다.

1 단호박은 씨를 파낸다.
   *tip* 찌기 전의 단호박은 단단해서 칼로 자를 때 힘이 듭니다. 전자레인지에 5분 정도만 돌려주면 익지는 않지만 조금 무른 상태가 되어 자르기가 쉬워요.

2 1의 단호박을 찜기에 넣고 중약불에서 10분간 찐다.
   *tip* 젓가락이 껍질까지 푹 들어가도록 익혀주세요.

3 2의 단호박은 껍질을 제거한 뒤 으깬다.

4 냄비에 물과 3의 단호박, 쌀가루를 넣고 중불에 올려 끓어오르기 시작하면 약불로 줄여 7분간 끓인다.

5 4를 체에 한 번 거른다.

아이주도이유식 초기 레시피

# 애호박미음

**소화 흡수·두뇌 성장에 효과적**

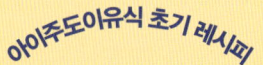

애호박은 비타민 A와 C가 풍부하고 소화 흡수가 잘돼 아직 위가 약한 아이에게 좋은 이유식 재료입니다. 특히 애호박씨에 들어 있는 레시틴 성분이 두뇌 성장에 효과가 있어 한창 자라나는 아이에게 좋아요.

### 재료

○ 애호박 10g
○ 쌀가루 1큰술
○ 물 1컵(250mL)

● 저울이 없는 경우 10g을 계량하기 힘들 수 있어요. 애호박을 1.5cm 두께로 썰면 10g과 비슷합니다.

1  애호박은 찜기에 쪄서 익힌다.
   *tip* 애호박은 익는 시간이 빠르므로 5~10분 정도 상태를 봐가며 익히세요.

2  1의 애호박을 꺼내 껍질을 돌려 깎은 뒤 속살만 곱게 으깬다.
   *tip* 매우 부드러워서 절구나 믹서를 사용하지 않아도 숟가락으로 쉽게 으깰 수 있어요.

3  냄비에 물과 2의 애호박, 쌀가루를 넣고 중불에 올려 끓어오르기 시작하면 약불로 줄여 7분간 끓인다.

4  3을 체에 한 번 거른다.

아이주도이유식 초기 레시피

# 브로콜리감자수프

**감기 예방, 칼슘 다량 함유**

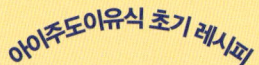

브로콜리는 아이주도이유식은 물론 죽이유식에도 많이 쓰이는 재료 중 하나예요. 줄기를 잡고 먹기 편해 자주 삶아주게 되지요. 아이가 브로콜리를 좋아하지 않는다면 감자와 함께 수프로 만들어주세요. 브로콜리는 비타민 C가 레몬의 2배나 들어 있어 감기 예방에 효과적이고 칼슘도 다량 함유되어 있어요.

### 재료

○ 브로콜리 꽃송이 부분 1/4컵(55g)
○ 감자 1개(200g)
○ 무염 버터 1큰술
○ 모유(또는 분유물) 1컵(250mL)
○ 어린이 치즈 1/2장

### 응용 레시피

아이가 먹을 것을 덜어놓고 파르메산치즈 가루나 체더치즈, 소금, 후추를 추가하면 맛있는 어른용 수프가 완성됩니다.

1 브로콜리는 끓는 물에 완전히 익히고 감자는 채 썰어 준비한다.
   tip 브로콜리는 충분히 익히지 않으면 수프에서 비린 맛이 나므로 완전히 익혀주세요. 브로콜리가 진한 초록색이 되면 다 익은 거예요.

2 팬에 무염 버터를 두르고 채 썬 감자를 넣어 반 정도 투명해질 때까지 볶는다.

3 믹서에 볶은 감자와 데친 브로콜리, 모유(또는 분유물)를 넣고 곱게 간다.

4 3을 냄비로 옮긴 후 약불에서 10분 이상 끓인다.
   tip 모유(또는 분유물), 우유는 센 불에서 끓이면 비린 맛이 나므로 약불에서 천천히 끓여주세요. 감자가 익는 데 시간이 걸리므로 간을 보아 생채소의 맛이 나지 않을 때까지 10분 이상 충분히 끓여야 해요.

5 4에 치즈를 넣어 녹인다.

아이주도이유식 초기 레시피

# 사과퓌레·완두콩 퓌레

### 비타민 C·섬유소 함유, 변비 예방

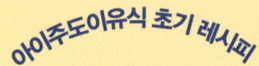

아이주도이유식 초기에 미음을 지겨워한다면 퓌레를 만들어보세요. 퓌레는 채소나 과일을 쪄서 모유나 분유물과 함께 갈면 되기 때문에 만들기 쉽고, 채소와 과일의 영양은 그대로 섭취할 수 있어요. 사과는 비타민 C와 식이섬유, 칼륨을 다량 함유하고 있지만 처음 접하는 아이는 다소 강한 맛을 느낄 수 있습니다. 모유(또는 분유물)와 섞어 퓌레를 만들면 부담 없이 받아들일 수 있어요. 아이 손에 힘이 조금 생겼다면 완두콩을 퓌레로 만들어보세요. 미음보다는 점성이 있어 숟가락을 사용하기 쉽습니다. 완두콩은 콩류 중 식이섬유가 가장 풍부해 변비가 있는 아이에게 좋아요.

**재료**

○ 사과 1개
○ 모유(또는 분유물) 1/4컵(60mL)

### 사과퓌레

1. 사과는 껍질과 씨를 제거한 뒤 찜기에 넣어 10분간 찐다.
2. 믹서에 1의 사과와 모유(또는 분유물)를 넣고 간다.

**재료**

○ 완두콩 1컵
○ 모유(또는 분유물) 1/4컵(60mL)

### 완두콩퓌레

1. 완두콩은 끓는 물에 8분간 데친다.
2. 데친 완두콩은 찬물에 헹군 뒤 껍질을 제거한다.
3. 믹서에 2의 완두콩과 모유(또는 분유물)를 넣고 간다.

# Chapter 4
## 아이주도이유식 중기 레시피_7~8개월

아이주도이유식 중기 안내
아이주도이유식 중기 식단
아이주도이유식 중기 레시피

# 아이주도이유식 중기 안내

만 7~8개월이 되면 아이는 의자에 앉는 것이 한결 편해지며 두 손 사용이 더욱 자유로워집니다. 배를 바닥에 대고 기기 시작하는 등 아이 스스로 조금씩 움직일 수도 있습니다. 하지만 아이의 발달은 개인차가 크므로 이 시기에 기지 않는다고 해서 걱정할 필요는 없습니다. 또한 이 시기에는 손가락을 이용한 활동을 할 수 있는데, 특히 검지 사용이 가능해져 음식을 주먹이 아닌 손가락으로 집어 먹습니다. 맛에 대한 기호가 생겨 좋아하는 채소와 싫어하는 채소의 구분도 분명해집니다. 아이가 좋아하는 채소를 주되 '아이주도이유식 요리'를 이용해 아이가 싫어하는 채소도 골고루 섭취할 수 있도록 도와줍니다. 이 시기에는 쌀가루뿐만 아니라 밀가루를 이용한 음식도 가끔 주는 것이 좋습니다. 밀가루 음식을 아예 주지 않으면 나중에 밀가루 알레르기를 일으킬 수 있습니다.

## 아이주도이유식 중기에 먹일 수 있는 재료의 손질과 보관법

 곡류

| | |
|---|---|
| 두부 | 아이의 성장 발육에 꼭 필요한 아미노산과 칼슘, 철분 등의 무기질이 함유된 단백질 식품입니다. 흐르는 물에 한두 번 씻어 사용하고 보관할 때는 두부가 잠길 정도의 물에 담가둡니다. |
| 대두 | 고지혈증 예방 효과가 있으며 혈중 콜레스테롤의 농도를 저하시키는 불포화지방산이 풍부합니다. 색이 노랗고 윤기가 나는 것이 좋으며, 서늘한 곳에 보관합니다. |
| 강낭콩 | 필수아미노산이 풍부해 성장기 어린이에게 좋습니다. 오래 두고 먹으려면 살짝 데쳐 냉동실에 보관합니다. |

| | |
|---|---|
| 검정콩 | 단백질과 몸에 좋은 식물성 지방이 풍부합니다. 표면이 검고 윤기가 나는 것이 좋으며, 통풍이 잘되는 곳에 보관합니다. |

## 채소

| | |
|---|---|
| 시금치 | 채소 중 비타민 C가 가장 많이 들어 있으며 비타민 $B_1$과 $B_2$, 나이아신, 엽산, 사포닌, 단백질, 지방, 섬유질, 칼슘, 철 등의 영양소도 풍부합니다. 온도가 높고 오래될수록 비타민 C가 많이 파괴되므로 구입 후 되도록 빨리 조리하는 것이 좋습니다. |
| 배추 | 사과의 7배가 넘는 비타민 C를 함유하고 있으며 식이섬유도 풍부해 변비에도 효과가 좋습니다. 신문지에 싸서 보관합니다. |
| 양파 | 양파에 들어 있는 유화알린 성분은 소화액 분비를 돕고 신진대사를 원활하게 하며, 펙틴 성분은 콜레스테롤을 분해합니다. 망사 자루에 넣어 서늘하고 바람이 잘 통하는 곳에 보관합니다. |
| 비트 | 다량의 철분을 함유해 빈혈 예방에 좋습니다. |
| 아욱 | 비타민 A와 C가 풍부하고 무기질과 칼슘이 다량 함유되어 어린이 성장 발육에 효과적입니다. |
| 파프리카 | 비타민 C가 딸기의 4배, 시금치의 5배나 될 정도로 다른 채소에 비해 비타민이 월등히 많이 들어 있는 채소입니다. 기름에 살짝 볶아 먹으면 비타민의 흡수율을 높일 수 있습니다. 물기가 있으면 상하기 쉬우므로 되도록 빨리 먹고, 남은 것은 물기를 닦고 비닐 팩에 담아 냉장 보관합니다. |
| 가지 | 수분이 94%를 차지하는 가지는 칼로리가 낮으며 항암 효과가 있습니다. 밀봉해서 냉장 보관하고, 자른 가지는 잘 무르므로 빠른 시일에 먹도록 합니다. |
| 양송이버섯 | 버섯류 중 단백질 함량이 가장 높으며, 식이섬유와 비타민 D가 풍부해 혈중 콜레스테롤을 저하시키는 작용을 합니다. |
| 표고버섯 | 레시틴이 다량 함유되어 콜레스테롤을 개선하며, 풍부한 비타민 D가 뼈에 칼슘을 공급해 성장기 어린이에게 좋습니다. |
| 새송이버섯 | 비타민 C와 E, 칼슘이 다량 함유되어 있으며 식이섬유가 풍부해 변비 예방에 효과적입니다. |
| 연근 | 비타민 C와 식이섬유가 풍부하고 철분이 많아 빈혈 예방에 좋습니다. 쓴맛이 강하므로 찬물에 오랫동안 우린 후 조리하는 것이 좋습니다. |
| 밤 | 탄수화물, 단백질, 지방, 칼슘, 비타민 등이 풍부해 아이의 성장 발육에 좋습니다. 껍질을 벗긴 밤은 물에 담가 보관합니다. |
| 대추 | 폐와 기관지의 기능을 도와 기침을 가라앉혀 줍니다. 밀봉해서 냉동 보관합니다. |

 **과일**

| | |
|---|---|
| 바나나 | 칼륨과 식이섬유가 풍부한 저열량 식품으로 지방이 거의 없고 칼로리가 낮습니다. 냉장 보관하면 껍질이 금세 까맣게 변하므로 상온에 보관합니다. |
| 수박 | 수분 함량이 높은 과일로 이뇨 효과가 좋습니다. 먹고 남은 수박은 랩으로 싸거나 밀폐용기에 담아 냉장 보관합니다. |
| 멜론 | 베타카로틴, 비타민 C, 포타슘을 많이 함유하고 있어 항산화 작용을 합니다. 그물무늬가 촘촘한 멜론이 달고 맛있습니다. |

 **해조류**

| | |
|---|---|
| 미역 | 요오드와 칼슘이 풍부해 뼈를 튼튼하게 해주고 식이섬유도 풍부합니다. 찬물에 불린 후 흐르는 물에 여러 번 씻어 소금기를 제거하고 사용합니다. |
| 김 | 비타민과 무기질이 풍부하며 단백질 함량도 높습니다. 습기가 있으면 눅눅해지기 쉬우므로 비닐 팩에 넣어 냉동 보관합니다. |
| 대구 | 비타민 A와 E, 비타민 $B_1$과 $B_2$ 등이 함유되어 있는 저열량 고단백 식품입니다. |
| 가자미 | 비타민 $B_1$이 풍부해 뇌와 신경에 필요한 에너지를 공급하는 작용을 합니다. |
| 갈치 | 필수아미노산이 고루 함유된 단백질 식품으로 특히 라이신 함량이 높아 성장기 어린이의 발육에 좋습니다. 갈치의 은백색 가루는 긁어내고 조리합니다. |

 **유제품**

| | |
|---|---|
| 달걀노른자* | 달걀노른자의 인지질은 뇌세포와 신경세포의 구성 성분으로 지능과 기억력 향상에 도움을 주어 성장기 어린이가 먹으면 좋습니다. 또한 인지질 속의 레시틴이 혈중 콜레스테롤이 높아지는 것을 막아줍니다. |
| 플레인 요구르트 | 플레인 요구르트는 단백질, 비타민 A와 $B_2$, 칼슘, 망간 등의 무기질을 함유하고 있습니다. 유산균이 단백질과 지방을 분해해 소화 흡수가 쉬운 상태라 아이에게 좋습니다. |

★ 예전에는 흰자는 돌이 지난 다음에 먹이라고 권했지만 최근에는 노른자를 먹이고 두 달 뒤에는 시도해볼 수 있다고 바뀌었습니다. 흰자를 테스트할 때는 밀가루 테스트와 마찬가지로 적은 양으로 먼저 시도해보고 이상 반응이 있는지 살펴야 합니다.

# 아이주도이유식 중기 식단

**수유 · 이유식 스케줄 예**

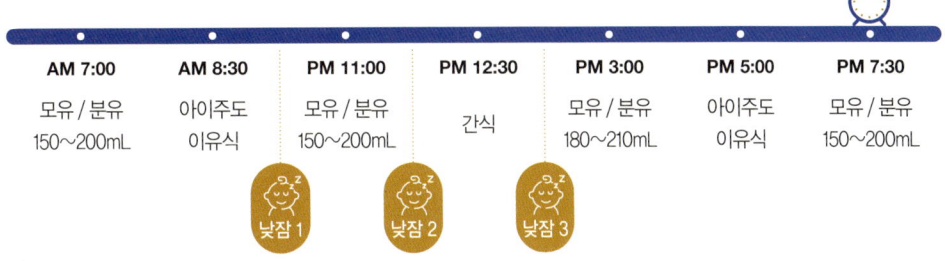

- 수유와 이유식 일정표는 바뀔 수 있습니다. 아이마다 자는 시간과 일어나는 시간이 다르므로 하루에 모유(또는 분유)를 3~4회 먹이면서 중간에 이유식과 간식 시간을 넣으면 됩니다. 이유식을 먹인 뒤 수유를 할 수도 있습니다.

### 아이주도이유식 중기 식단 구성

아이주도이유식을 시작한 지 약 한 달이 지났습니다. 아이주도이유식이 생각보다 쉬웠을 수도, 어려웠을 수도 있습니다. 큰 기대를 가지고 시작했는데 아이가 생각보다 많이 먹지 않아 실망했을 수도 있습니다. 여기서 중요한 건 포기하지 않고 꾸준히 시도하는 것입니다. 아이들은 잘 먹는 시기, 잘 안 먹는 시기가 번갈아 찾아오기도 합니다. 또한 처음에는 먹는 음식보다 버리는 음식이 더 많아 보이지만, 시간이 지날수록 먹는 양이 점점 늘어나고 어느 순간부터 모든 음식을 거의 다 먹는 아이의 모습을 발견할 수 있습니다. 102쪽의 식단표는 중기에는 어떤 음식을 어떻게 구성해야 할지 고민스러울 때 참고하면 좋습니다.

- 이 식단표는 참고용으로 엄마가 아이의 선호도나 음식을 받아들이는 정도에 따라 바꿀 수 있습니다.
- 식단표에 나온 죽이유식은 책에 나오지 않은 메뉴도 포함되어 있습니다. 중기의 죽이유식을 만들 때는 다음 방법대로 따라 하면 쉽게 죽을 만들 수 있습니다.

### 중기 죽이유식 만들기

1. 쌀은 믹서에 반 정도 갈아서 사용한다.
2. 생쌀 1/3컵에 물 550mL 정도의 양이면 대략 5~7일 먹을 이유식 분량이 나온다.
   (아이에 따라 먹는 양이 다르므로 이 부분은 만들면서 줄이거나 늘리면 됩니다.)
3. 중기 이유식에 들어가는 재료 중 소고기는 핏물을 뺀 뒤 삶아서 다지고, 닭고기는 삶아서 다진 후 사용한다.
4. 채소는 초기 이유식처럼 먼저 찌지 않고 적당한 크기로 다진 뒤 쌀과 함께 넣어 끓인다.

- 식단표는 죽이유식 1회, 간식 2회로 짜여 있는데, 죽이유식과 아이주도이유식을 함께 줘도 좋고 아침엔 죽이유식, 저녁엔 아이주도이유식 또는 엄마와 아이의 기호에 따라 다르게 변경해도 좋습니다.

  예 ❶ 아침 이유식 : 소고기양배추죽 / 간식 : 코티지치즈, 사과
       저녁 이유식 : 찐브로콜리, 찐당근, 코티지치즈
  예 ❷ 아침 이유식 : 고구마브로콜리죽 + 찐브로콜리, 찐애호박 / 간식 : 플레인 요구르트
       저녁 이유식 : 찐감자, 찐당근, 찐브로콜리
  예 ❸ 아침 이유식 : 소고기미역죽 / 간식 : 찐당근, 찐감자, 멜론 / 저녁 이유식 : 두부버섯죽

- 아이주도이유식 요리를 가족 반찬이나 저녁 식사에 활용해도 좋습니다.
    - 예 ❶ 브로콜리치즈감자그라탱에 소금, 후추 간을 곁들여 어른 식사로 활용하기
    - 예 ❷ 버섯뇨키에 간을 첨가해서 가족 모두가 먹을 수 있는 저녁으로 만들기
    - 예 ❸ 두부소고기채소전에 간을 첨가해서 반찬으로 활용하기

## 아이주도이유식 중기 식단표

| | 1 | 2 | 3 | 4 | 5 | 6 | 7 | 1주 차 장바구니 |
|---|---|---|---|---|---|---|---|---|
| 죽 | 소고기양배추죽, 고구마브로콜리죽 | 소고기양배추죽, 고구마브로콜리죽 | 소고기양배추죽, 고구마브로콜리죽 | 소고기양배추죽, 고구마브로콜리죽 | 소고기양배추죽, 고구마브로콜리죽 | 소고기양배추죽, 고구마브로콜리죽 | 소고기양배추죽, 고구마브로콜리죽 | 소고기, 양배추 감자, 고구마 브로콜리 당근, 애호박 사과, 배 오트밀 블루베리 바나나, 우유 플레인 요구르트 |
| 오전 | 찐감자, 찐당근 | 찐고구마, 찐당근 | 찐브로콜리, 찐애호박 | 오트밀블루베리바나나머핀, 배 | 찐당근, 찐애호박, 사과 | 찐당근, 찐브로콜리, 블루베리 | 찐고구마, 찐양배추, 바나나 | |
| 간식 | 코티지치즈, 사과 | 애호박프리터 | 애호박프리터, 코티지치즈, 배 | 플레인요구르트 | 오트밀블루베리바나나머핀 | 바나나티딩스틱 | 바나나티딩스틱 | |
| 오후 | 찐브로콜리, 찐당근, 코티지치즈 | 찐감자, 찐브로콜리, 코티지치즈 | 찐고구마, 사과 | 찐감자, 찐당근, 찐브로콜리 | 찐양배추, 찐고구마, 오트밀블루베리바나나머핀 | 찐감자, 찐애호박, 바나나티딩스틱 | 찐감자, 찐애호박, 바나나티딩스틱 | |

| | 8 | 9 | 10 | 11 | 12 | 13 | 14 | 2주 차 장바구니 |
|---|---|---|---|---|---|---|---|---|
| 죽 | 소고기미역죽 두부버섯죽 | 소고기미역죽 두부버섯죽 | 소고기미역죽 두부버섯죽 | 소고기미역죽 두부버섯죽 | 소고기미역죽 두부버섯죽 | 소고기미역죽 두부버섯죽 | 소고기미역죽 두부버섯죽 | 소고기, 미역 두부, 버섯 브로콜리 감자, 당근, 고구마 멜론, 수박, 사과 플레인 요구르트 토마토, 시금치 달걀, 떡뻥 |
| 오전 | 찐감자, 찐당근, 멜론 | 버섯뇨키, 사과 | 쌀가루팬케이크 | 찐감자, 찐당근, 찐브로콜리 | 토마토버섯볶음 | 시금치 달걀미니머핀 | 찐감자, 찐당근, 멜론 | |
| 간식 | 떡뻥, 사과 | 플레인요구르트 | 두부소고기채소전 | 두부소고기채소전 | 떡뻥, 멜론 | 플레인요구르트 | 시금치 달걀미니머핀 | |
| 오후 | 버섯뇨키, 수박 | 찐버섯, 찐고구마, 두부구이 | 찐감자, 찐버섯, 찐브로콜리 | 토마토버섯볶음, 찐감자, 수박 | 찐당근, 두부구이, 수박 | 찐버섯, 찐고구마, 사과 | 찐고구마, 두부구이, 사과 | |

| | 15 | 16 | 17 | 18 | 19 | 20 | 21 | 3주 차 장바구니 |
|---|---|---|---|---|---|---|---|---|
| 죽 | 소고기사과죽 닭채소죽 | 소고기사과죽 닭채소죽 | 소고기사과죽 닭채소죽 | 소고기사과죽 닭채소죽 | 소고기사과죽 닭채소죽 | 소고기사과죽 닭채소죽 | 소고기사과죽 닭채소죽 | 소고기, 닭고기 감자, 브로콜리 고구마, 애호박 당근 플레인 요구르트 사과, 바나나 찐단호박 |
| 오전 | 찐감자, 찐브로콜리, 사과 | 감자치즈볼 | 찐감자, 찐당근, 찐애호박 | 채소치킨너겟 바나나 | 달걀찜, 사과 | 찐감자, 찐브로콜리, 찐당근 | 찐고구마, 찐애호박, 바나나 | |
| 간식 | 감자치즈볼 | 떡뻥, 바나나 | 고구마말랭이 | 고구마말랭이 | 플레인요구르트 | 떡뻥, 바나나 | 단호박양갱 | |
| 오후 | 찐고구마, 찐브로콜리, 바나나 | 찐감자, 찐당근, 찐애호박 | 채소치킨너겟 | 찐당근, 찐단호박, 찐애호박 | 찐당근, 찐단호박, 찐애호박 | 달걀찜, 찐애호박, 찐단호박 | 찐당근, 찐브로콜리 | |

| | 22 | 23 | 24 | 25 | 26 | 27 | 28 | 4주 차 장바구니 |
|---|---|---|---|---|---|---|---|---|
| 죽 | 소고기채소죽<br>달걀감자죽 | 소고기채소죽<br>달걀감자죽 | 소고기채소죽<br>달걀감자죽 | 소고기채소죽<br>달걀감자죽 | 소고기채소죽<br>달걀감자죽 | 소고기채소죽<br>달걀감자죽 | 소고기채소죽<br>달걀감자죽 | 소고기, 달걀<br>감자, 단호박<br>오이, 당근, 멜론<br>브로콜리<br>사과, 어린이 치즈<br>바나나 |
| 오전 | 찐감자, 찐단호박, 오이 | 찐감자, 찐브로콜리 | 단호박브로콜리매시스틱 | 단호박브로콜리매시스틱 | 단호박구이, 사과 | 바나나푸딩 | 바나나푸딩 | |
| 간식 | 단호박양갱 | 감자오이달걀불 | 감자오이달걀불 | 떡뻥, 오이 | 어린이 치즈, 배 | 플레인요구르트 | 떡뻥, 멜론 | |
| 오후 | 찐감자, 찐당근, 멜론 | 찐단호박, 찐당근, 사과 | 찐감자, 찐당근, 멜론 | 찐단호박, 찐당근, 사과 | 찐감자, 찐브로콜리, 찐당근 | 찐단호박, 찐당근, 사과 | 찐감자, 바나나, 찐당근 | |
| | 29 | 30 | | | | | | 5주 차 장바구니 |
| 죽 | 소고기파프리카죽<br>당근미역생선죽 | 소고기파프리카죽<br>당근미역생선죽 | | | | | | 소고기, 흰 살 생선<br>파프리카, 당근<br>미역, 감자<br>브로콜리<br>어린이 치즈, 사과 |
| 오전 | 감자브로콜리치즈구이 | 찐감자, 찐당근, 파프리카 | | | | | | |
| 간식 | 어린이 치즈, 찐브로콜리 | 감자브로콜리치즈구이 | | | | | | |
| 오후 | 찐감자, 찐브로콜리, 찐당근 | 찐브로콜리, 찐감자, 파프리카, 사과 | | | | | | |

아이주도이유식 중기 레시피

# 가지전

### 비타민 A · 비타민 C 함유, 피로 회복

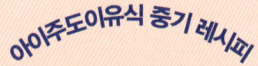

가지는 수분 함량이 매우 높고 식이섬유가 풍부해 변비에 좋은 채소 중 하나예요. 또한 비타민 A와 C가 많이 함유되어 피로 회복에도 좋은 역할을 합니다. 가지는 삶으면 껍질이 질겨져 아이가 먹기 힘들 수 있습니다. 얇게 썰어 전으로 부치면 껍질이 질기지 않아 아이가 먹기에 좋아요.

### 재료

- 가지 150g
- 달걀노른자 1개
- 녹말가루 2큰술
- 식용유 약간

### 응용 레시피

◉ **애호박전**
가지 대신 애호박으로 전을 부쳐도 좋아요. 방법은 가지와 같습니다.

1  가지는 아이가 먹기 좋은 크기의 반달이나 원 모양으로 썬다.

2  1의 가지에 녹말가루를 골고루 묻힌다.

3  2의 가지를 달걀노른자에 담가 옷을 입힌다.

4  프라이팬에 식용유를 약간 두르고 키친타월로 닦아낸 다음 가지를 노릇하게 익힌다.
   💬 코팅된 프라이팬이라면 식용유를 두르는 과정은 생략해도 좋아요.

◉ 이유식을 만들고 남은 가지는 양념을 더해 어른용 반찬으로 활용할 수 있어요.
1  프라이팬에 식용유를 두른 뒤 잘게 썬 파 1/4컵을 넣고 볶는다.
2  파 향이 올라오면 고추기름 1큰술을 두른 뒤 양파 1/2개를 채 썰어 볶는다.
3  양파가 투명해지면 가지를 넣는다.
4  두반장 소스 1큰술, 굴 소스 1큰술, 설탕 1/2큰술을 넣고 가지가 숨이 죽을 때까지 볶는다.
   (두반장 소스의 양은 취향에 따라 조절하세요.)

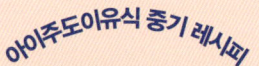

아이주도이유식 중기 레시피

# 감자버섯전·당근전·브로콜리전

**다양한 채소 섭취**

아이주도이유식을 시작하고 한 달 정도 지나 중기로 들어서면 아이가 삶은 채소에 조금씩 싫증을 낼 수 있어요. 감자, 당근, 브로콜리 모두 자주 주는 채소입니다. 아이가 삶은 채소에 싫증을 낸다면 색다르게 감자전, 당근전, 브로콜리전을 만들어보세요. 같은 채소라도 조리 방법을 조금만 바꾸면 아이도 다시 즐겁게 먹을 거예요.

### 재료

- 감자 1개(200g)
- 당근 50g
- 양송이버섯 2개
- 양파 15g
- 브로콜리 꽃송이 부분 1/4컵(55g)
- 녹말가루 1큰술
- 물·식용유 약간씩

### 응용 레시피

- 당근과 브로콜리에 동량의 감자를 섞어서 전을 부쳐도 좋아요.
- 가족이 함께 먹기에 충분한 양이므로 아이 것은 덜어두고 반죽에 부침가루를 섞고 소금을 약간 넣어 전을 부치면 어른 밑반찬으로도 제격이에요.

*1* 양송이버섯과 양파는 3mm 크기로 다진다.

*2* 당근은 적당한 크기로 썰어 물과 함께 믹서에 넣어 간 다음 체에 밭쳐 물은 버린다.

*3* 브로콜리는 끓는 물에 진한 초록색이 나도록 충분히 데친 다음 물을 약간 섞어 믹서에 간다. 체에 밭쳐 물은 버린다.

*4* 감자는 껍질을 벗기고 강판에 간 다음 체에 밭쳐 물은 버린다.

*5* 4의 감자에는 1의 버섯과 양파를 섞고, 2의 당근과 3의 브로콜리에는 녹말가루를 각각 1/2큰술씩 넣어 섞는다.

　*tip* 녹말가루를 넣지 않으면 전을 부쳤을 때 부서지기 쉽지만 생략해도 됩니다.

*6* 팬에 식용유를 두르고 키친타월로 닦아낸 뒤 한입 크기로 전을 부친다.

　*tip* 코팅된 프라이팬이라면 식용유를 두르는 과정은 생략해도 좋아요.

아이주도이유식 중기 레시피

# 감자브로콜리치즈구이

**비타민·탄수화물·철분·단백질 섭취**

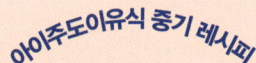

아이가 삶은 채소를 지겨워하기 시작했다면 잘 먹는 채소 2가지를 더하고 고소한 치즈를 올려 구워보세요. 비타민과 탄수화물이 풍부한 감자와 철분이 풍부한 브로콜리, 치즈의 단백질까지 한 번에 섭취할 수 있답니다.

### 재료

- 감자 1개(200g)
- 브로콜리 꽃송이 부분 1/4컵(55g)
- 어린이 치즈 1/2장

● 한 번 먹을 양만 만드는 경우에는 재료의 양을 반으로 줄여서 만들어도 됩니다.

### 응용 레시피

어린이 치즈 대신 체더치즈나 슬라이스 치즈 등 각종 치즈를 올려 굽고 후추 간을 더하면 어른 간식으로도 안성맞춤이에요.

1. 감자는 껍질을 벗기고 1cm 두께로 썰어 끓는 물에 3~5분간 완전히 익도록 삶는다.
    젓가락으로 찔러보았을 때 뭉개질 정도로 푹 삶지 말고 다 익되 뭉개지지 않을 정도로 삶아주세요.

2. 브로콜리는 끓는 물에 3분간 데친다.

3. 삶은 감자와 브로콜리는 건져 식힌다.

4. 감자 위에 브로콜리와 적당한 크기로 자른 치즈를 올린 뒤 180℃로 예열한 오븐에 5분간 굽는다.
    치즈가 녹을 정도면 되므로 오븐 사용이 어려울 경우 전자레인지에 익혀도 좋아요. 전자레인지를 사용할 때는 1분씩 멈춰가며 치즈가 녹을 때까지 돌려주세요.

아이주도이유식 중기 레시피

# 감자시금치케이크

### 비타민 C 풍부, 단백질 보충

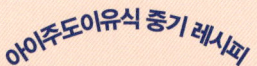

쌀가루나 밀가루 대신 시금치와 감자를 이용해 케이크를 만들어보세요. 시금치와 감자는 비타민 C가 풍부해 감기 예방에도 도움이 된답니다. 플레인 요구르트와 치즈로 시금치와 감자에 부족한 단백질을 보충하면 영양을 골고루 섭취할 수 있어요.

### 재료

- 감자 2개(400g)
- 시금치 30g
- 달걀노른자 1개
- 플레인 요구르트 3큰술(60g)
- 무염 버터 약간(유산지 컵 코팅용)
- 선택 재료 : 어린이 치즈 1/2장

### 응용 레시피

◉ 전자레인지 이용

1 5의 반죽을 전자레인지 사용이 가능한 실리콘 틀이나 그릇에 붓는다.
2 그릇에 랩을 씌운 다음 포크로 구멍을 조금 뚫고 약 3분간 돌린다.
3 젓가락으로 찔러서 반죽이 묻어나면 30초씩 추가해 반죽이 묻어나오지 않을 때까지 익힌다.
※ 익히는 시간은 재료의 양, 전자레인지의 성능에 따라 다를 수 있어요.

1 감자는 껍질을 벗긴 뒤 강판에 곱게 간다.
2 1의 감자를 체에 밭치고 흐르는 물에 씻어 녹말기를 제거한 다음 물기를 꼭 짠다.
3 시금치는 끓는 물에 30초간 데친 뒤 잘게 썬다.
4 2와 3, 달걀노른자를 섞는다.
5 4에 플레인 요구르트를 섞는다.
  tip 치즈는 잘게 잘라 섞거나 머핀 컵에 반죽을 담고 위에 올려도 좋아요.
6 머핀 틀에 유산지 컵을 넣고 버터를 조금 바른 뒤 5의 반죽을 채운다. 200℃로 예열한 오븐에 30분간 굽는다.
  tip 반죽은 컵의 2/3나 그보다 조금 덜 차도록 넣으면 됩니다.

아이주도이유식 중기 레시피

# 감자오이달걀볼

**탄수화물, 비타민, 단백질을 한 번에 섭취**

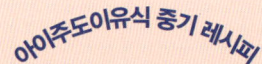

감자, 오이, 달걀로 죽이유식을 만들기도 하지만 삶은 감자에 오이를 섞어 핑거 푸드를 만들어도 좋아요. 게다가 감자오이달걀볼은 탄수화물, 비타민, 단백질을 한 번에 섭취할 수 있는 간단하고 몸에 좋은 요리랍니다.

- 감자 1개(200g)
- 달걀노른자 1개
- 오이 60g

1  달걀은 중불에서 10분 이상 삶아 완전히 익힌 다음 노른자만 으깬다.

2  오이는 껍질을 벗기고 잘게 다진다.

3  감자는 빨리 익도록 적당한 크기로 썰어 중불에서 10분 이상 익힌 다음 으깬다.

4  2의 오이와 3의 감자를 섞은 뒤 동그란 모양으로 만든다.
   *tip* 이 과정에서 감자와 오이가 잘 뭉쳐지지 않아도 으깬 노른자 위에 굴린 뒤 뭉치면 잘 뭉쳐져요.

5  4를 1의 으깬 노른자 위에 굴린다.

아이주도이유식 중기 레시피

# 감자치즈볼

**변비 예방, 비타민 C 풍부**

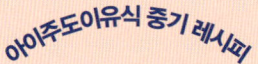

평범한 감자볼을 버터에 구워 고소한 맛을 더해보세요. 감자는 비타민 C가 풍부하고 펙틴 성분이 들어 있어 변비가 있는 아이에게도 좋아요. 그러나 녹색을 띠는 감자는 솔라닌이라는 독 성분이 생겨 식중독을 일으킬 수 있으니 조심하세요.

### 재료

○ 감자 1개(200g)
○ 어린이 치즈 1/2장
○ 무염 버터 1큰술

● 감자치즈볼을 팬에 익히는 과정에서 부서질 수 있어요. 반죽에 녹말가루 1작은 술을 더하면 부서지는 게 덜해요.

1  감자는 껍질을 벗기고 적당한 크기로 썰어 찜기에 10분 이상 완전히 익도록 찐다.

2  1의 감자를 푸드 매셔나 절구를 이용해 으깬다.

3  2의 감자 한 스푼을 떠서 치즈 조각을 안에 넣고 동그랗게 뭉친다.

4  달군 팬에 무염 버터를 두르고 3의 감자치즈볼을 노릇하게 굽는다.

아이주도이유식 중기 레시피

# 고구마두부브로콜리볼

**단백질·식이섬유·비타민 C 풍부**

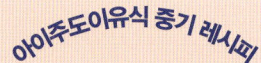

탄수화물, 단백질, 비타민이 골고루 들어간 영양 만점 간식을 만들어보세요. 두부와 브로콜리를 싫어하는 아이도 달콤한 고구마와 함께라면 잘 먹을 거예요. 아이는 먹기 쉽게 볼로 만들어주고 엄마, 아빠는 재료를 섞은 후 견과류와 꿀을 더해 샐러드로 먹어도 좋아요.

### 재료

- 두부 1/4모(100g)
- 브로콜리 꽃송이 부분 1/4컵(55g)
- 고구마 1/3개(100g)

### 응용 레시피

고구마두부브로콜리샐러드에 견과류와 꿀을 추가하면 엄마, 아빠가 먹기에도 훌륭한 간식과 반찬이 됩니다.

1. 고구마는 껍질을 벗긴 뒤 썰어 찜기에 20분간 찌고, 브로콜리는 꽃송이 부분만 잘라 15분간 찐다.
2. 두부는 면포에 넣어 물기를 짠다.
3. 1의 고구마는 으깨고 브로콜리는 잘게 다진다.
4. 2와 3을 섞어 모든 재료가 잘 섞이도록 반죽한다.
5. 반죽을 조금씩 떼서 아이가 먹기 좋은 크기의 볼 모양으로 만든다.
6. 에어프라이어에 넣고 180℃에서 10분간 조리한다.

아이주도이유식 중기 레시피

# 고구마말랭이

**비타민 B · 미네랄 풍부**

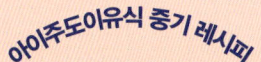

몸에 좋은 건강한 간식 고구마말랭이를 만들어보세요. 고구마말랭이는 보통 4~5일간 자연 건조시키는 것이 정석이지만 오븐을 이용해 낮은 온도에서 천천히 구워도 쫀득쫀득하고 맛있어요. 고구마는 탄수화물뿐만 아니라 칼륨, 칼슘 등의 미네랄과 비타민 B 복합체가 풍부합니다.

**재료**

○ 고구마 2개

● 껍질은 쪄서 벗기는 게 더 쉬워요.

● 고구마를 완전히 식힌 후 잘라야 부서지지 않아요.

1  고구마는 1cm 두께로 썬 뒤 80% 정도 익도록 찜기에 10~15분간 찐다.

2  1의 고구마는 껍질을 벗긴 뒤 1cm 두께의 스틱 모양으로 썬다.
   🍳 에어프라이어에 펼쳐놓고 120℃에서 30분 구운 뒤 뒤집어서 30분 더 굽는다.
   🔥 100℃로 예열한 오븐에 넣어 1시간 굽고, 뒤집어서 120℃에서 1시간 30분 동안 굽는다.

아이주도이유식 중기 레시피

# 고구마채소볼

**베타카로틴·비타민 C 풍부**

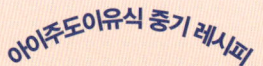

고구마는 아이주도이유식을 진행하며 자주 먹이는 재료 중 하나입니다. 고구마는 베타카로틴과 비타민 C가 풍부한데, 고구마의 비타민 C는 열에 강해 영양분 손실을 걱정하지 않아도 돼요. 고구마에 파프리카, 옥수수 등의 다른 채소를 섞어 고구마채소볼을 만들어보세요.

###  재료

○ 고구마 2/3개(200g)
○ 옥수수 알 1/4컵(40g)
○ 파프리카 25g

● 제철 옥수수나 냉동 보관한 옥수수가 있다면 삶아서 알을 발라 사용하면 좋아요. 옥수수를 구하기 힘들 때는 캔 옥수수를 찬물에 헹궈 사용하세요.

1  고구마는 찜기에 넣고 중불에서 15~20분간 쪄 완전히 익힌 다음 껍질을 벗기고 으깬다.

2  파프리카는 3mm 크기로 잘게 썰고 옥수수는 끓는 물에 20분간 삶아 알만 발라낸다.

3  볼에 1의 고구마와 2의 파프리카, 옥수수 알을 넣고 잘 섞는다.

4  에어프라이어에 동그랗게 빚은 고구마채소볼을 넣고 180℃에서 5분간 구운 뒤 뒤집어서 3분간 더 굽는다.

아이주도이유식 중기 레시피

# 고구마치즈볼

**식이섬유·칼슘 풍부**

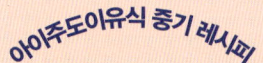

고구마에 치즈를 더해 동글동글한 볼로 만들어보세요. 치즈와 섞으면 더 부드럽고 맛이 고소해 아기도 좋아하는 음식이 될 거예요. 고구마는 식이섬유가 풍부해 장 운동을 향상시키고 고구마에 들어 있는 비타민 C는 조리로 인한 손실이 적어요.

### 재료

○ 고구마 1/3개(100g)
○ 어린이 치즈 1장

### 응용 레시피

같은 고구마볼이지만 꿀과 카스텔라 가루를 추가하면 어른용 간식이나 손님 접대용으로도 훌륭한 간식이 됩니다.
으깨는 과정에서 꿀 한 스푼을 추가하고, 카스텔라 빵은 잘게 부숴 가루로 만들어주세요. 고구마볼을 만든 후 카스텔라 가루 위에 굴려주면 고구마의 단맛이 더욱 살아나는 맛있는 고구마카스텔라볼이 완성돼요. 치즈를 넣지 않고 카스텔라 가루만 이용할 경우에는 오븐에 굽지 않아도 괜찮아요.

1 고구마는 껍질을 벗기고 썰어 찜기에 넣고 중불에서 10분 이상 완전히 익도록 찐다.

2 찐 고구마는 푸드 매셔를 이용해 으깬다.

3 으깬 고구마 한 스푼에 어린이 치즈 조각이나 모차렐라치즈를 조금 넣고 동그랗게 경단 모양으로 만든다.

3 에어프라이어에 고구마치즈볼을 넣은 후 180℃에서 10분간 조리한다. 중간에 열어 한 번 뒤집어준다.
오븐 용기에 종이 포일을 깔고 고구마치즈볼을 올려 180℃로 예열한 오븐에 10분간 굽는다.

tip 중간에 열어보았을 때 고구마치즈볼이 노릇하게 잘 조리되었다면 7~8분만 조리해도 좋아요.

아이주도이유식 중기 레시피

# 단호박양갱

### 눈 건강 강화, 감기 예방

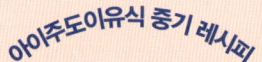

눈 건강과 감기 예방에 도움이 되고 달콤한 맛이 나는 단호박으로 양갱을 만들어보세요. 찐 단호박과는 다른 색다른 식감에 아이들도 좋아하는 간식이 될 거예요. 우리 아이가 처음 먹는 양갱은 알레르기를 유발하기도 하는 젤라틴이 아니라 우뭇가사리로 만든 식물성 식품 '한천가루'를 이용해 안심하고 먹일 수 있어요.

### 재료

- 단호박 460g
- 모유(또는 분유물) 100mL
- 한천가루 1큰술

### 응용 레시피

**고구마양갱, 밤양갱**
고구마나 밤으로도 양갱을 만들 수 있어요.
이유식이 아닌 유아식이나 엄마 간식으로 만들 때는 설탕이나 꿀을 1큰술 넣으면 더 맛있는 양갱이 완성됩니다.

*1*    단호박은 20분 이상 쪄서 완전히 익힌다.

*2*    1의 단호박은 껍질을 벗기고 으깬다.

*3*    2의 단호박에 모유(또는 분유물), 물, 한천가루를 넣고 섞는다.

*4*    냄비에 3을 넣고 중불에 올려 끓어오르면 불을 끈다.

*5*    4를 굳힐 용기에 옮겨 담은 뒤 냉장고에 넣어 하루 동안 식힌다.

아이주도이유식 중기 레시피

# 달걀과자

**엄마표 건강 간식**

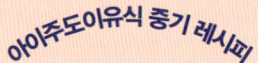

엄마에겐 추억, 아이에겐 향긋하고 부드러운 식감을 선사할 달걀과자예요. 넉넉히 만들어 밀폐용기에 보관하면 외출할 때 아이 간식으로 가지고 다니기 좋아요. 이유식 중기라면 달걀은 노른자 2개, 밀가루는 쌀가루로 대체해도 좋아요. 다만 쌀가루를 이용하면 과자의 식감과 부풀기가 조금 다를 수 있습니다.

 **재료**

○ 달걀 1개
○ 밀가루 1/3컵(40g)
○ 버터 5큰술(70g)
○ 바닐라 익스트랙 1작은술
○ 베이킹파우더 1작은술
○ 모유(또는 분유물) 2큰술

● 바닐라 익스트랙은 반드시 '무알코올' 제품을 사용하세요.

● 달걀흰자를 쓰는 게 염려된다면 달걀 노른자 2개를 넣어주세요.

● 예전에는 흰자는 돌이 지난 다음에 먹이라고 권했지만 최근에는 노른자를 먹이고 두 달 뒤에는 시도해볼 수 있다고 바뀌었습니다. 흰자를 테스트할 때는 밀가루 테스트와 마찬가지로 적은 양으로 먼저 시도해보고 이상 반응이 있는지 살펴야 합니다.

● 밀가루 알레르기 테스트를 완료한 아이에게만 주세요.

● 달걀과자가 너무 퍼진 모양으로 구워진다면 종이 포일을 빼고 구워보세요.

● 반죽을 짤 때는 예쁜 모양이 아닌 뾰족한 모양이어도 됩니다. 구워지는 과정에서 옆으로 많이 퍼지니 너무 크게 만들지 말고, 반죽 사이의 간격도 띄워주세요.

● 짤주머니가 없으면 일회용 비닐봉지나 지퍼 백에 반죽을 넣고 끝부분을 조금 잘라 사용하세요.

*1* 버터는 실온에 꺼내두었다가 거품기로 1분간 저어 부드럽게 만든다.

*2* 1의 버터에 달걀과 바닐라 익스트랙을 넣고 거품기로 섞는다.

*3* 밀가루와 베이킹파우더를 체에 내려 2에 섞는다.

*4* 3에 모유(또는 분유물)을 넣고 섞는다.

*5* 오븐 용기에 종이 포일을 깔고 짤주머니에 4의 반죽을 넣어 50원짜리 동전 크기로 간격을 띄워 짠다. 180℃로 예열한 오븐에 10분간 굽는다.

**응용 레시피**

반죽에 설탕 1/4컵을 추가하면 어른용 달걀과자가 돼요.

아이주도이유식 중기 레시피

# 달걀찜

## 비타민·철분 섭취

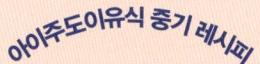

당근, 브로콜리, 양파의 비타민과 철분, 달걀의 단백질을 섭취할 수 있는 요리, 채소달걀찜이에요. 물 대신 모유나 분유물을 넣어 만들면 더 부드럽고 고소하답니다. 채소는 아이가 좋아하는 것으로 바꿔도 좋아요.

### 재료

○ 다진 당근 45g
○ 브로콜리 꽃송이 부분 1/4컵(55g)
○ 다진 양파 70g
○ 모유(또는 분유물) 1/3컵(80mL)
○ 달걀노른자 2개

### 응용 레시피

소금과 후추 간을 더하면 어른용 달걀찜이 돼요. 간혹 달걀에서 비린내가 나는 경우가 있는데 맛술 1작은술을 추가하면 비린내 없이 먹을 수 있어요.

1  당근, 브로콜리, 양파는 3mm 크기로 잘게 다진다.

2  볼에 달걀노른자를 풀고 모유(또는 분유물)를 섞는다.

3  2에 1의 다진 채소를 넣고 섞는다.

4  달걀찜 용기에 3을 옮겨 담는다.

5  4를 찜기에 넣고 중불에 올려 끓어오르기 시작하면 약불로 줄인 뒤 10~15분간 익힌다.

   *tip* 포일로 뚜껑을 만들어 용기를 덮으면 달걀찜이 많이 부풀지 않고 윗부분이 매끈해져요.

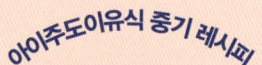

# 당근오트밀프리터

**베타카로틴 풍부, 변비 개선**

비타민과 카로틴이 풍부한 당근을 에어프라이어를 이용해 간편하게 조리해보세요. 오트밀을 섞어 당근을 싫어하는 아이도 거부감 없이 먹을 수 있고, 치즈에서 고소한 맛이 나 아이가 좋아할 거예요. 반죽에 소금을 더하거나 케첩을 찍으면 유아 간식으로 활용할 수 있어요.

### 재료

- 채 썬 당근 100g
- 달걀 1개
- 오트밀가루 4큰술(30g)
  오트밀가루는 압착 오트밀 1/3컵을 믹서에 갈면 대략 4큰술에 해당하는 분량이 나옵니다.
- 어린이 치즈 40g

1. 당근은 채 썰어서 볼에 담은 뒤 당근이 잠길 정도로 물을 붓고 전자레인지에 3분간 돌린다.

2. 오트밀은 믹서에 갈아 가루로 만들고 치즈는 잘게 썰어 준비한다.

3. 1과 2를 섞는다.

4. 3의 프리터 반죽을 조금씩 떼서 뭉쳐 모양을 잡은 뒤 에어프라이어에 넣고 175℃에서 5분, 뒤집어서 5분 더 굽는다.

   *tip* 반죽이 잘 뭉쳐지지 않나요? 처음엔 뭉치기 힘들 수 있지만 대충 모양만 잡아줘도 조리할 때 치즈가 녹으면서 모양이 잡히니까 걱정하지 마세요!

아이주도이유식 중기 레시피

# 두부구이

**단백질 풍부, 장 움직임 활성화, 소화 흡수 도움**

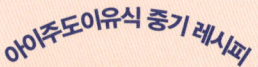

두부는 밭에서 나는 쇠고기라 불리는 콩으로 만드는 영양이 우수한 식품입니다. 두부는 단백질이 풍부하며 리놀산을 함유하고 있어 콜레스테롤을 낮추고 올리고당이 많아 장의 움직임을 활성화해 소화 흡수를 돕습니다.

- 두부 1/4모(100g)

1. 두부는 아이가 손으로 집기 좋도록 길이 2cm, 두께 2cm 크기로 썬 다음 키친 타월로 물기를 제거한다.
2. 1의 두부를 에어프라이어에 넣고 180℃에서 10분간 굽는다.

아이주도이유식 중기 레시피

# 두부소고기채소전

**단백질·철분 섭취**

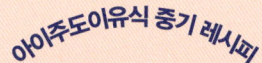

철분이 풍부한 소고기와 단백질이 풍부한 두부로 두부소고기채소전을 만들어보세요. 특히 단백질은 몸을 구성하는 요소 중 빼놓을 수 없는 영양소로 성장기 아이들은 충분한 양의 단백질 섭취가 필요해요. 단백질뿐만 아니라 함께 넣은 채소를 통해 비타민과 무기질도 섭취할 수 있습니다.

### 재료

- 간 소고기 100g
- 두부 130g
- 당근 30g
- 양파 20g
- 양송이버섯 2개
- 달걀노른자 1개
- 식용유 약간

### 응용 레시피

가족이 함께 먹기에 충분한 양입니다. 3의 반죽 일부를 따로 덜어 소금, 후추 간을 하고 달걀물을 입혀 구우면 어른 반찬으로 좋은 맛있는 소고기동그랑땡이 완성됩니다.

*1*  두부는 면포에 넣어 물기를 짜고 으깬다.

*2*  당근, 양파, 양송이버섯은 잘게 다진다.

*3*  볼에 간 소고기, 1과 2의 재료를 담고 달걀노른자를 넣어 섞은 다음 쫀득한 느낌이 날 때까지 손으로 치댄다.

*4*  3의 반죽을 한 숟가락 떠서 동그랗게 빚은 다음 손으로 살짝 누른다.

*5*  달군 프라이팬에 식용유를 두른 다음 키친타월로 닦아낸다.
   tip 코팅된 프라이팬이라면 식용유를 두르는 과정은 생략해도 좋아요.

*6*  4를 약한 불에 노릇해질 때까지 굽는다.

아이주도이유식 중기 레시피

# 바나나푸딩

**미네랄·식이섬유 풍부**

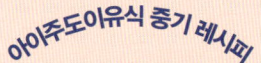

바나나는 다양한 비타민과 미네랄, 식이섬유가 풍부해 영양 밀도가 높은 과일입니다. 과일을 먹을 때 부족하기 쉬운 단백질은 우유와 달걀로 보충할 수 있는 든든한 간식이랍니다.

### 재료

○ 바나나 · 달걀노른자 1개씩
○ 식빵 1장
○ 모유(또는 분유물) 1/3컵(80mL)
○ 시나몬 가루 1/4작은술

● 시나몬 가루는 양이 적어 저울로 재기가 어려워요. 계량스푼이 있다면 1/4작은술을 사용하고 계량스푼이 없다면 일반 티스푼의 1/4 양을 사용하세요. 향을 살짝 내기 위한 용도라서 정확한 양은 중요하지 않으니 안심하고 사용하셔도 좋아요.

1  바나나는 1cm 두께로 썰고 식빵은 사방 1cm 크기 정사각형으로 썬다.
2  모유(또는 분유물)와 달걀노른자를 잘 섞는다.
3  2에 시나몬 가루를 섞는다.
4  1의 바나나와 식빵을 3에 10분간 담가둔다.
   **tip** 블루베리나 다른 과일을 섞어도 좋아요.
5  오븐 용기에 4를 넣어 150℃로 예열한 오븐에 30분간 굽는다.

### 응용 레시피

설탕 2큰술, 소금 1/2작은술을 섞으면 어른용 바나나브레드푸딩이 돼요.

#### ⊙ 전자레인지 이용

1  4의 재료를 전자레인지용 용기에 담은 후 랩을 씌운다.
2  포크로 구멍을 조금 뚫은 후 5분간 익힌다.
3  젓가락으로 찔러서 반죽이 묻어나오면 1분씩 시간을 추가하며 반죽이 묻어나오지 않을 때까지 익힌다.

아이주도이유식 중기 레시피

# 버섯뇨키

**섬유소 풍부, 소화 기능 장애 예방**

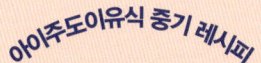

한국에 수제비가 있다면 이탈리아에는 뇨키가 있어요. 뇨키는 찐 감자에 밀가루를 넣어 반죽해서 익힌 뒤 소스를 섞어 먹는 이탈리아 전통 요리 중 하나입니다. 정말 만들기 쉽지만 맛을 보면 레스토랑에서 먹는 뇨키 부럽지 않은 맛있는 요리예요. 소금, 후추로만 간을 하기 때문에 아기가 먹을 것은 따로 덜어두고 엄마, 아빠가 먹을 수 있는 저녁도 간단히 만들 수 있어 정말 좋아요.

### 재료

(성인 2인분 + 아기 기준)
- 양송이버섯 200g
- 감자 2개(400g)
- 밀가루 1+1/2컵(80g)
- 달걀노른자 1개
- 100% 동물성 생크림 300mL
- 무염 버터 1큰술

(엄마, 아빠용 반죽 추가 재료 : 파르메산 치즈 가루 1큰술, 소금 1/2작은술)

### 응용 레시피

감자 대신 단호박을 쪄서 으깬 다음 밀가루와 섞으면 달달한 단호박뇨키가 돼요. 또한 뇨키는 페스토 소스나 토마토소스 모두 잘 어울리기 때문에 다른 레시피에 파스타면 대신 넣어 먹어도 좋아요.

● 동물성 생크림? 식물성 생크림?
뇨키나 크림 파스타에 흔히 쓰이는 생크림은 케이크를 만드는 생크림과는 달리 설탕이 들어가지 않은 액체로 된 유크림입니다.
생크림에는 동물성과 식물성이 있는데, 둘 중 어떤 걸 써야 할까요?
동물성 생크림과 식물성 생크림, 언뜻 들으면 식물성이 더 좋을 것 같지만 생크림은 아니랍니다. 동물성 생크림은 100% 우유로 만들지만 식물성 생크림은 팜유, 야자유, 유화제 등의 첨가물이 들어가요. 아기가 먹는 음식에는 다른 첨가물이 들어가지 않고 100% 우유라고 쓰여 있는 동물성 생크림을 사용하세요.

1. 감자는 껍질을 벗기고 썰어 20분 이상 삶는다.
2. 양송이버섯은 밑동을 제거하고 0.5mm 두께로 썬다.
3. 1의 삶은 감자는 푸드 매셔를 이용해 으깬다.
4. 3의 감자에 달걀노른자, 밀가루를 넣어 반죽한다.

   tip 아기용 반죽을 조금 덜어놓고 엄마, 아빠용 반죽에는 파르메산치즈 가루와 소금을 섞어 반죽해주세요.

   tip 밀가루 알레르기가 있는 경우 쌀가루를 이용하면 됩니다.

5. 도마 위에 반죽이 달라붙지 않도록 밀가루를 조금 뿌리고 반죽을 주먹만큼 떼서 길게 굴린다.
6. 5의 반죽을 1cm 크기로 썬다.
7. 6을 포크로 하나씩 눌러준다.
8. 냄비에 물을 끓인 후 7을 넣어 익힌다.
9. 8이 익는 동안 팬에 무염 버터를 녹여 양송이버섯을 볶는다.
10. 양송이버섯이 살짝 갈색이 되면 생크림을 부어 중약불로 끓인다.
11. 8의 뇨키 반죽이 냄비 위로 떠오르면 건져서 찬물로 살짝 헹군 뒤 10의 소스 팬에 넣어 30초 더 끓인다.
12. 아기용 뇨키는 덜어두고 엄마, 아빠용에는 소금과 후추로 간을 한다.

아이주도이유식 중기 레시피

# 브로콜리치즈감자그라탱

**칼슘·비타민 C 풍부**

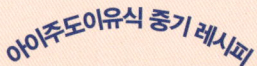

브로콜리와 감자는 아이주도이유식을 하면서 가장 많이 쪄주는 채소입니다. 하지만 매일 채소를 주면 아이가 싫증을 느껴 먹지 않으려 하기도 해요. 그럴 때는 어린이 치즈, 모유나 분유를 섞어 고소한 맛이 나는 그라탱을 만들어주세요. 그라탱을 만들어 식힌 후 한 숟가락 크기로 떠서 주면 좋아요.

### 재료

- 브로콜리 70g
- 감자 70g
- 파프리카 1/3개(55g)
- 무염 버터 1큰술
- 밀가루 1큰술
- 모유(또는 분유물) 100mL
- 어린이 치즈 1장 또는 1+1/2장

### 응용 레시피

조리 과정에 조금만 변화를 주고 소금, 후추 간을 곁들이면 맛있는 엄마, 아빠용 그라탱을 만들 수 있어요.

아기가 먹을 루와 달리 과정 4에서 버터 2큰술, 밀가루 2큰술로 루를 만든 뒤 생크림 1/2통을 넣고 끓여 화이트 소스를 만드세요. 여기에 채소와 파르메산치즈 1큰술을 넣고 잠시 끓이다 소금, 후추로 간을 한 후 오븐 용기에 옮겨 담고 그 위에 체더치즈나 모차렐라치즈를 덮어 200℃로 예열한 오븐에 20분간 구우면 맛있는 엄마, 아빠용 그라탱이 완성돼요.

1. 브로콜리와 감자는 빨리 익도록 썰어서 찜기에 넣어 5~10분간 찐다.(브로콜리 5분, 감자 10분.)
2. 파프리카는 잘게 썬다.
3. 오븐 용기에 1, 2의 재료를 넣는다.
4. 냄비에 무염 버터를 녹인 다음 밀가루를 넣어 함께 볶는다.
5. 버터와 밀가루가 잘 섞이면 모유나 분유를 넣고 볶아 걸쭉한 농도의 '루'를 만든다.
6. 5의 루를 3 위에 올린다.
7. 6의 루 위에 어린이 치즈를 올린 뒤 200℃로 예열한 오븐에 20분간 굽는다.

아이주도이유식 중기 레시피

# 사과푸딩

**변비 예방, 비타민 C 풍부**

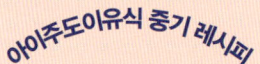

매일 먹는 사과를 조금 색다르게 주고 싶다면 푸딩을 만들어보세요. 재미있는 식감을 가져 아이가 좋아하는 간식이 될 거예요. 사과는 비타민과 섬유소가 풍부해 변비 예방에도 탁월한 효과가 있습니다.

### 재료

○ 사과 1개
○ 한천가루 1/2큰술

### 응용 레시피

사과 대신 시판 사과주스에 한천가루를 섞어 만들면 어른용 사과푸딩이 돼요.

1  사과는 껍질을 벗기고 잘게 썬다.

2  1의 사과를 믹서에 곱게 간다.

3  냄비에 2의 사과와 한천가루를 넣고 섞은 뒤 중불에 올려 끓어오르기 시작하면 30초간 더 끓이고 불을 끈다.
   *tip* 한천가루는 차가울 때 넣어야 뭉침 없이 잘 섞여요.

4  3을 그릇에 부어 2시간 동안 냉장고에서 굳힌다.

아이주도이유식 중기 레시피

# 시금치달걀미니머핀

**엽산 풍부, 빈혈 예방**

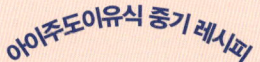

시금치는 비타민 B와 C, 엽산, 단백질, 당질, 섬유질, 칼슘, 철 등의 영양소가 풍부해 '채소의 왕'이라 불립니다. 이렇게 좋은 채소지만 데쳐서 주면 아이가 삼키는 걸 힘들어할 때가 많아요. 그럴 땐 간단히 달걀과 섞어 시금치스크램블드에그를 만들어보세요. 여기에 케첩만 곁들이면 훌륭한 어른 반찬이 된답니다.

**재료**

○ 시금치 20g
○ 달걀노른자 3개
○ 어린이 치즈 20g
○ 모유(또는 분유물) 1/4컵(60mL)

*1* 시금치는 잘게 다진다.

*2* 달걀은 노른자만 분리해 풀어둔다.

*3* 볼에 1과 2, 잘게 썬 어린이 치즈와 모유(또는 분유)를 넣고 잘 섞는다.

*4* 3을 미니 머핀 틀에 담은 후 350℃로 예열한 오븐에 15분간 굽는다. 15분 후 포크로 찔러보아 달걀물이 묻어나오면 3분 더 굽는다.

> *tip* 머핀 틀에 반죽을 담을 때 머핀 컵을 사용하거나, 머핀 컵이 없다면 틀 안쪽에 무염 버터를 살짝 발라주면 나중에 머핀을 조금 더 쉽고 깨끗하게 분리할 수 있어요.
>
> 밀가루가 들어가지 않아 머핀 틀에 달걀이 묻어날 수 있어요. 조금 더 깔끔하게 만들고 싶다면 밀가루 1~2큰술을 추가해서 구워도 좋아요.

아이주도이유식 중기 레시피

# 쌀가루팬케이크

**온 가족의 아침 식사**

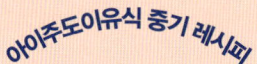

엄마, 아빠와 함께 먹을 수 있는 아침 메뉴예요. 아이주도이유식을 시작한 지 한두 달 뒤부터 활용할 수 있도록 쌀가루로 만들었답니다. 팬케이크 위에 뿌리는 과일 플레인 요구르트 소스는 생략하거나 아이가 좋아하는 다른 과일로 바꿔 만들어도 좋아요. 구운 팬케이크를 한입 크기로 썰어 과일 플레인 요구르트 소스와 함께 주면 아이가 정말 좋아할 거예요.

### 재료

○ 쌀가루 1컵(150g)
○ 모유(또는 분유물) 1컵씩(250mL)
○ 달걀노른자 1개
○ 베이킹파우더 1큰술
○ 무염 버터 4작은술

● 밀가루 알레르기가 없는 아이라면 쌀가루는 밀가루로 대체 가능해요.

### 응용 레시피

⊙ **엄마, 아빠용 팬케이크**
밀가루 1+1/2컵, 달걀 2개, 우유 1컵, 설탕·베이킹파우더 1큰술씩, 소금 1/2작은술, 바닐라 익스트랙 1작은술, 무염 버터 4작은술을 섞어 반죽하면 시중에서 파는 팬케이크 믹스보다 맛있는 홈메이드 팬케이크가 완성됩니다.

⊙ **밀가루 팬케이크**
어른용 팬케이크 재료에서 설탕과 소금을 빼고 만들면 아이주도이유식 후기 메뉴로 활용 가능합니다. 단, 바닐라 익스트랙은 알코올이 들어간 것과 들어가지 않은 것이 있으므로 이유식이나 유아식 팬케이크에는 반드시 무알코올 제품을 사용하세요.

**1** 볼에 쌀가루, 달걀노른자, 모유(또는 분유물), 베이킹파우더, 무염 버터를 넣고 뭉치는 곳이 없도록 잘 섞는다.
   *tip* 버터는 섞기 전에 실온에 두거나 전자레인지에 10~20초 돌려 잘 녹은 상태에서 사용하세요.

**2** 중불로 달군 프라이팬에 1의 반죽을 국자로 떠서 올리고 굽는다.
   *tip* 코팅 팬이 아닌 경우 포도씨유나 해바라기씨유와 같은 식용유를 두르고 키친타월로 닦아 코팅한 뒤 팬케이크를 구워주세요.

**3** 반죽 위로 동그란 기포가 여러 개 올라오기 시작하면 뒤집어서 반대편을 익힌다.

**4** (선택 레시피) 딸기 4개와 플레인 요구르트 2큰술을 믹서에 갈아 딸기 플레인 요구르트 소스를 만든다.

아이주도이유식 중기 레시피

# 아기달걀찐빵

### 레시틴 풍부, 콜레스테롤 저하

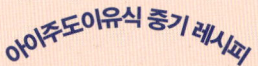

오븐이나 에어프라이어 대신 프라이팬에 쪄서 쉽게 만들 수 있는 아기용 달걀찐빵을 소개할게요. 폭신한 식감과 고소한 맛에 아이도 좋아할 거예요.

### 재료

○ 달걀노른자 1개
○ 쌀가루 110g
○ 모유(또는 분유물) 1/2컵(125mL)
○ 베이킹파우더 1작은술
○ 무염 버터 조금(머핀 팬 코팅용)

### 응용 레시피

모유나 분유 대신 코코넛 밀크를 넣고 설탕을 조금 추가하면 어른과 유아도 맛있게 먹을 수 있는 간식이 돼요.

*1* 달걀노른자와 모유(또는 분유)를 섞는다.

*2* 쌀가루와 베이킹파우더를 섞는다.

*3* 2를 1에 부어 뭉침 없이 섞는다.

*4* 머핀 틀에 무염 버터를 바른 뒤 3을 붓는다.

> *tip* 지름 3cm 정도 크기의 미니 머핀 틀을 사용하면 아기가 쥐고 먹기에 딱 좋은 크기의 찐빵을 만들 수 있어요.
>
> 찌는 과정에서 반죽이 부풀어오르므로 머핀 틀의 2/3 정도만 채워주세요.
>
> 머핀 틀에 버터 바르기는 생략해도 되지만 바르면 나중에 찐빵을 떼어내기도, 틀 세척도 쉬워요. 버터 대신 종이 머핀 컵을 틀 안에 넣고 반죽을 부어도 좋아요.

*5* 프라이팬에 물을 조금 부은 뒤 머핀 틀을 넣고 뚜껑을 닫는다. 중불에서 10분간 찐다.

> *tip* 물은 머핀 틀의 1/3~1/2가 잠길 정도만 넣어주세요.
>
> 찐빵을 꺼내기 전 젓가락이나 포크로 찔러보아 반죽이 묻어나오면 조금 더 찌세요.

아이주도이유식 중기 레시피

# 아보카도배아이스크림

### 필수지방산·비타민 풍부, 칼륨 함유

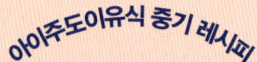

아보카도는 당분 함량이 낮고 비타민과 필수 지방산이 풍부하여 피부에 좋고 나트륨 배출도 도와줍니다. 아보카도를 이용해 아이가 먹을 수 있는 아이스크림을 만들어볼까요? 더운 여름에는 물론 이가 나 잇몸이 붓고 아파할 때 줘도 좋아요.

 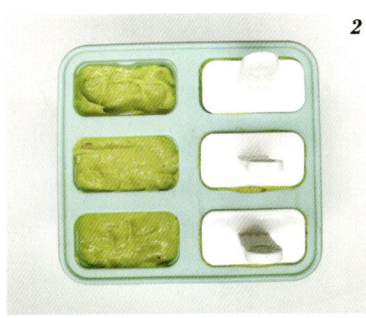

### 재료

○ 아보카도 2개
  (껍질과 씨를 제거한 무게 250g)
○ 배 1개
  (껍질과 씨를 제거한 무게 160g)
○ 모유(또는 분유물) 1/2컵(125mL)

● 아보카도는 충분히 익어 표면이 갈색으로 변하고 말랑말랑해진 것을 사용하세요.

**1** 아보카도와 배는 껍질을 벗기고 씨를 제거한 뒤 모유(또는 분유물)와 함께 믹서에 곱게 간다.

**2** 1을 아이스크림 틀에 넣은 뒤 12시간 이상 얼린다.

*tip* 아이가 아이스크림을 먹는 과정에서 굉장히 지저분해질 수 있어요. 치우기 쉽도록 촉감놀이 매트 위에서 먹이거나 목욕시키기 전에 주기를 추천합니다.

● 아보카도 손질법

1. 아보카도 가운데에 돌아가며 칼집을 넣은 다음 아보카도를 살살 비틀면 반으로 분리된다.

2. 아보카도 씨를 숟가락으로 빼낸다.

3. 숟가락으로 아보카도 과육을 통으로 떠서 껍질과 분리해준다.

아이주도이유식 중기 레시피
# 애호박프리터

### 비타민 A와 C 풍부, 두뇌 개발

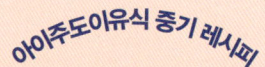

한국 요리에 '전'이 있다면 서양 요리에는 '프리터'가 있어요. 밀가루 반죽에 채소나 과일, 고기 등을 섞어 만드는 방법도 전과 거의 비슷합니다. 다른 점은 찍어 먹는 소스로 간장이 아닌 플레인 요구르트나 사우어 크림을 많이 곁들이는 거예요. 애호박프리터는 재료도, 만드는 방법도 간단하고 플레인 요구르트와 곁들여 먹을 수도 있습니다.

### 재료

○ 애호박 1개(190g)
○ 달걀 1개
○ 양파 2/3개(70g)
○ 밀가루 1/2컵(60g)
○ 식용유 약간

● 밀가루는 쌀가루로 대체 가능합니다.

● 달걀흰자를 쓰는 게 염려된다면 달걀 노른자 2개를 넣어주세요. 달걀흰자 테스트를 거친 아이라면 달걀을 통으로 사용해도 됩니다.

### 응용 레시피

반죽에 소금과 후추 간을 하면 엄마, 아빠 밥반찬으로도 좋아요.

1. 애호박은 깨끗이 씻어 치즈 강판에 간 다음 물기를 꼭 짜고 양파는 채 썬다.
   *tip* 애호박 껍질은 벗기고 사용해도 좋아요.

2. 볼에 1과 달걀, 밀가루를 넣고 섞는다.

3. 달군 프라이팬에 식용유를 살짝 두르고 키친타월로 닦아낸 다음 2의 반죽을 적당한 크기로 올려 노릇하게 부친다.
   *tip* 코팅된 프라이팬이라면 식용유를 두르는 과정은 생략해도 좋아요.

아이주도이유식 중기 레시피

# 에그라탱

**단백질과 비타민 섭취**

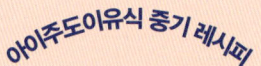

다양한 채소의 영양소와 달걀의 단백질을 함께 섭취할 수 있는 요리를 소개할게요. 만들기 쉽고 간을 조금만 추가하면 어른용 브런치로도 손색없는 에그라탱이에요. 여기에 사용하는 채소는 아이가 좋아하는 것들로 변경해도 좋습니다.

### 재료

○ 달걀 1개
○ 당근 30g
○ 양파 10g
○ 파프리카 1/4개(40g)
○ 브로콜리 꽃송이 부분 1/4컵(55g)
○ 무염 버터 1큰술

● 오븐 사용이 힘들 때는 찜기를 이용하세요. 그릇에 볶은 채소를 담고 그 위에 달걀 1개를 잘 풀어 올려주세요. 이때 채소를 꾹꾹 눌러 담지 않으면 달걀이 채소 속에 스며들어 그라탱이 아닌 달걀찜이 될 수 있으니 달걀물을 붓기 전에 채소를 꾹꾹 눌러주세요. 그다음 찜기에 올려 10분간 찌면 됩니다.

● 달걀흰자를 쓰는 게 염려된다면 달걀노른자만 사용합니다.

### 응용 레시피

소금과 후추 간을 추가하면 어른용 브런치 메뉴나 간식으로 활용 가능합니다.

1 당근, 양파, 파프리카, 브로콜리는 5mm 크기나 아이가 먹기 좋은 크기로 잘게 썬다.
2 중불로 달군 팬에 무염 버터를 녹인 뒤 양파를 볶는다.
3 양파가 투명해지면 당근, 브로콜리, 파프리카를 넣어 1분간 볶는다.
4 그라탱 용기에 3의 채소를 넣고 그 위에 달걀을 깨서 올린 뒤 170℃로 예열한 오븐에 5분간 굽는다.

 달걀노른자만 사용해도 돼요. 5분 후 확인해보아 달걀이 조금 덜 익었으면 1분씩 시간을 늘려주세요. 단, 너무 오래 익히면 달걀이 딱딱해질 수 있어요.

아이주도이유식 중기 레시피

# 오트밀블루베리바나나머핀

**식이섬유 풍부, 비타민 A와 C 섭취**

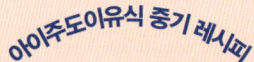

빵을 주고 싶어도 시중에서 파는 빵을 주자니 걱정되고 집에서 만들자니 번거로워 고민스러울 거예요. 오트밀블루베리바나나머핀은 밀가루가 전혀 들어가지 않고 만드는 과정도 간단합니다. 오트밀은 식이섬유와 탄수화물이 풍부해 외국에서는 아침 식사 대용으로 많이 이용하는 음식이에요. 오트밀에 부족한 비타민은 블루베리와 바나나로 채워주니 든든하고 몸에 좋은 간식입니다.

### 재료

- 오트밀 1컵(90g)
- 블루베리 1컵(100g)
- 바나나 2개
- 모유(또는 분유물) 1/4컵(60mL)
- 무염 버터 2큰술

### 응용 레시피

과일 본연의 단맛으로만 머핀을 만들기 때문에 어른 입맛에는 심심한 편이에요. 머핀 반죽에 꿀이나 올리고당을 추가해서 만들면 어른 간식으로도 좋아요.

**1** 바나나는 껍질을 벗긴 뒤 적당한 크기로 썰고 블루베리는 깨끗이 씻는다.

**2** 믹서에 오트밀, 바나나, 블루베리, 모유(또는 분유물)를 넣고 간다.

**3** 머핀 틀에 유산지 컵을 넣고 무염 버터를 녹여 컵 안쪽에 바른다.

  *tip* 버터를 바르는 이유는 구운 머핀이 깔끔하게 떨어지도록 하기 위해서입니다. 버터를 바르지 않으면 빵이 조금 묻어나지만 생략 가능합니다.

**4** 2의 반죽을 3의 유산지 컵 안에 붓고 180℃로 예열한 오븐에 20분간 굽는다.

  *tip* 밀가루나 베이킹파우더가 들어가지 않아 거의 부풀지 않으므로 반죽을 컵이 넘치지 않을 정도로 채워줍니다.

아이주도이유식 중기 레시피

# 채소치킨너겟

**단백질 섭취, 소화 흡수 용이**

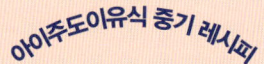

닭고기는 소고기나 돼지고기에 비해 지방이 적고 소화도 잘되기 때문에 아이에게 꼭 먹여야 하는 단백질 식품 중 하나입니다. 하지만 아직 이가 많이 나지 않은 아이는 닭고기를 씹거나 삼키기가 어렵습니다. 그럴 때는 닭 가슴살을 채소와 함께 부드럽게 갈아 너겟으로 만들어주면 육류와 채소의 영양을 고루 섭취할 수 있어요.

### 재료

- 닭 가슴살 140g
- 당근 30g
- 브로콜리 30g
- 양파 1/3개(35g)
- 달걀노른자 1개

● 채소치킨너겟에 들어가는 채소는 아이의 취향에 맞게 바꿔도 좋아요.

### 응용 레시피

- 양이 넉넉하므로 반죽을 덜어 소금과 후추 간을 더하면 엄마, 아빠용 밥반찬으로도 좋아요.
- 케첩을 곁들이면 유아들도 좋아하는 훌륭한 간식이 돼요.

1  닭 가슴살, 당근, 브로콜리, 양파는 잘게 썰고 달걀은 노른자만 준비한다.
   *tip* 모두 믹서에 넣고 갈기 때문에 아주 잘게 썰 필요는 없어요.

2  1을 믹서에 넣고 곱게 간다.
   *tip* 잘 갈리지 않을 때는 달걀노른자 1개를 더 넣어주세요. 달걀흰자에 알레르기가 없다면 흰자와 노른자 모두 이용해도 좋아요.

3  2의 반죽을 약불에 달군 프라이팬 위에 한 순가락씩 얹어 익힌다.
   *tip* 코팅되지 않은 팬은 포도씨유나 해바라기씨유와 같은 식용유를 살짝 둘러주세요.

아이주도이유식 중기 레시피

# 퀴노아달걀말이

### 단백질·칼륨·철분 함유

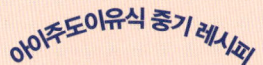

'슈퍼 푸드'로 각광받는 퀴노아는 백미보다 단백질은 2배, 칼륨은 6배, 칼슘은 7배, 철분은 20배 이상 함유되어 있다고 해요. 다른 곡류와 달리 나트륨이 거의 들어 있지 않고 글루텐이 없기 때문에 알레르기 반응을 유발하지 않는 것도 장점입니다. 이처럼 다양한 영양소를 고루 지닌 퀴노아와 각종 채소를 이용해 달걀말이를 만들어보세요.

### 재료

- 퀴노아 35g
- 당근 30g
- 브로콜리 30g
- 양파 1/4개(30g)
- 달걀 2개

● 달걀흰자 알레르기가 있다면 달걀노른자만 이용합니다. 3의 과정에서 모유나 분유물 1/4컵을 섞어주면 분량을 맞출 수 있습니다.

1  퀴노아는 잘 씻어 물과 함께 냄비에 넣고 중불에 올려 끓어오르기 시작하면 약불로 줄인 뒤 뚜껑을 덮고 10분간 끓인다. 다 끓으면 체에 받친다.
   *tip* 냄비에 눌어붙지 않도록 중간중간 저어주세요.

2  당근, 브로콜리, 양파는 3mm 크기로 썬다.

3  달걀은 풀어둔다.

4  볼에 1, 2, 3의 재료를 모두 넣고 잘 섞는다.

5  달군 프라이팬에 4를 붓고 약불에서 천천히 익힌다.

6  5의 재료 바닥이 익으면 뒤집개로 조금씩 말아가며 달걀말이를 완성한다.
   *tip* 코팅되지 않은 팬은 포도씨유나 해바라기씨유와 같은 식용유를 살짝 둘러주세요.

아이주도이유식 중기 레시피

# 토마토버섯볶음

### 다양한 비타민 함유, 단백질 섭취, 면역력 강화

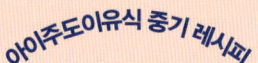

토마토는 구연산, 칼슘, 철, 인, 비타민 A와 C, 비타민 $B_1$과 $B_2$ 등 풍부한 영양소를 함유하고 있습니다. 특히 비타민 C는 하루 섭취 권장량의 절반이 들어 있어요. 토마토에는 라이코펜(Lycopene)이라 불리는 항산화 물질도 들어 있어 면역력 강화를 돕고 노화를 예방해줍니다. 라이코펜은 열에 비교적 강하며 구우면 오히려 함량이 높아지고 기름에 조리하면 흡수가 더 잘되므로 기름을 두르고 익혀주세요. 토마토에 부족하기 쉬운 단백질은 버섯 중 단백질 함량이 가장 높은 양송이버섯을 더해 채워줄 수 있습니다.

**재료**

○ 방울토마토 5개
○ 양송이버섯 2개
○ 브로콜리 꽃송이 부분 1/4컵(55g)
○ 무염 버터 1/2큰술
○ 다진 마늘 약간

● 느타리버섯이나 새송이버섯을 사용해도 좋지만 두 버섯은 아이가 먹기엔 조금 질겨요.

**응용 레시피**

올리고당 1큰술, 간장 1큰술, 후추를 추가하면 어른용 밥반찬이 돼요.

*1* 방울토마토는 반으로 자르고 양송이버섯과 브로콜리는 한입 크기로 썬다.

*2* 브로콜리는 끓는 물에 1분간 데친다.

*3* 중불로 달군 프라이팬에 무염 버터를 녹인 뒤 다진 마늘을 아주 조금만 넣어 향이 나도록 20초 정도 볶는다.

*4* 3에 양송이버섯을 넣고 버섯의 숨이 죽을 때까지 볶는다.

*5* 4에 데친 브로콜리를 넣어 30초간 볶는다.

*6* 5에 토마토를 넣고 30초 더 볶는다.

아이주도이유식 중기 레시피

# 대추차

### 기침·감기·호흡기 질환에 도움

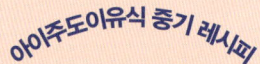

대추는 불면증 해소, 통증과 스트레스 완화 등의 효과를 가지고 있어요. 또한 비염이나 천식에도 효과가 좋으므로 아이가 기침감기에 걸렸을 때는 대추차를 끓여주세요. 몸을 따뜻하게 하고 건조한 기관지를 촉촉하게 해주는 효과가 있어 호흡기 질환에 좋습니다.

### 재료

- 말린 대추 10개
- 물 2컵(500mL)

### 응용 레시피

배도 기침감기에 효과적입니다. 배 1/2개를 더해 끓이면 조금 더 단맛이 나는 대추차가 돼요. 어른은 꿀 1큰술을 넣어 먹어도 좋아요.

1 대추는 흐르는 물에 깨끗하게 씻어 냄비에 넣고 물을 부은 다음 중불에서 30분간 끓인다.

> **tip** 대추를 반으로 잘라 끓이면 대추차가 더 진하게 우러나요. 반으로 잘라 사용할 때는 끓이는 시간을 20분으로 줄여도 좋아요.

2 1을 체에 밭쳐 차만 남겨 식힌다.

아이주도이유식 중기 레시피

# 코티지치즈

**비타민 D 강화**

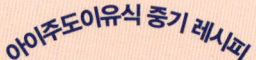

아이들이 좋아하는 치즈는 생후 6개월부터 먹일 수 있어 자주 주는 간식 중 하나입니다. 하지만 시중에서 파는 슬라이스 치즈는 나트륨이 함유되어 걱정된다면 재료도 간단하고 만들기도 쉬운 코티지치즈를 직접 만들어보세요. 코티지치즈는 비타민 D를 강화시켜 칼슘 흡수를 도와줍니다. 아이는 간식으로, 엄마는 샐러드에 곁들이면 좋아요.

### 재료

○ 우유 4컵(1L)
○ 레몬즙 5큰술

● 우유는 저지방이 아닌 일반 우유를 사용하세요.

1. 냄비에 우유를 붓고 중불에서 끓인다.
2. 우유가 끓기 시작하면 레몬즙을 넣는다.
3. 나무주걱으로 저어가며 몽글몽글한 입자가 생길 때까지 약 1분간 더 끓인다.
4. 3을 면포에 거르고 꼭 짜 액체인 '유청'과 분리한다. 밀폐용기에 담아 냉장실에 보관한다.
    이때 나온 유청은 버리지 말고 보관했다가 세안할 때 쓰면 좋아요.

아이주도이유식 중기 레시피

# 달걀감자죽

**비타민·단백질 섭취**

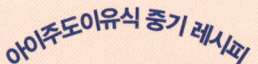

비타민과 탄수화물이 풍부한 감자와 단백질이 풍부한 달걀로 만드는 이유식이에요. 달걀은 조리 방법에 따라 영양소 흡수율이 달라지는데, 삶아서 먹을 때 영양소 파괴가 적고 체내 흡수율이 가장 높다고 합니다. 다만 돌 전에는 달걀흰자에 민감하게 반응하는 아이들이 있으므로 죽이유식에는 달걀노른자 사용을 권합니다.

### 재료

○ 쌀 115g
○ 감자 100g
○ 달걀노른자 1개
○ (과정 6) 물 300mL

### 응용 레시피

⊙ 달걀채소죽
감자 대신 양송이버섯, 당근, 애호박 등의 채소를 이용하면 다양한 달걀채소죽을 만들 수 있습니다.

1  달걀은 끓는 물에 10분 이상 삶아 노른자까지 완전히 익힌다.

2  쌀은 씻어 물에 30분 이상 불린다.

3  감자는 빨리 익도록 썰어서 찜기에 넣고 쪄 절구에 으깬다.

4  1의 달걀은 노른자만 으깬다.

5  불린 쌀은 절구나 믹서를 이용해 1/3 크기로 간다.

6  냄비에 모든 재료를 담고 물을 부어 중불에 올린 뒤 끓어오르기 시작하면 약불로 줄여 7분 더 끓인다.
   *tip* 이때 눌어붙지 않도록 중간중간 저어줍니다.

아이주도이유식 중기 레시피

# 당근미역생선죽

**단백질·칼슘 섭취**

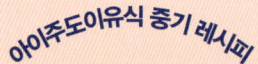

흰 살 생선은 단백질과 칼슘이 풍부하며 육질이 연해 소화가 잘되기 때문에 이유식 재료로 적당합니다. 대표적인 흰 살 생선은 대구, 명태, 조기, 가자미, 갈치 등인데, 갈치는 뼈를 발라내기 어려우므로 살이 조금 많은 대구나 가자미를 사용하는 것이 좋습니다.

### 재료

- 흰 살 생선 20g
- 당근 10g
- 쌀 115g
- 미역 15g
- (과정 6) 물 300mL

1. 쌀은 씻어 물에 30분 이상 불린 뒤 쌀알의 1/3 크기로 간다.
2. 당근은 빨리 익도록 작게 썰어서 끓는 물에 3분간 데친다.
3. 미역은 물에 담가 10분 이상 불린다.
4. 흰 살 생선은 찜기에 10분간 찐다.
5. 4의 생선은 곱게 다지고 2의 당근과 3의 미역은 3mm 크기로 다진다.
6. 냄비에 모든 재료를 넣고 물을 부은 다음 중불에 올려 끓어오르기 시작하면 쌀알이 푹 퍼질 때까지 약 7분간 더 끓인다.

아주도이유식 중기 레시피

# 두부브로콜리죽

**비타민 C 풍부, 단백질 섭취**

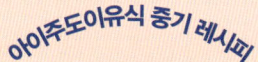

비타민 C가 레몬의 2배나 함유되어 감기 예방 효과가 탁월한 브로콜리에 두부를 넣어 이유식을 만들어보세요. 두부의 단백질은 쌀과 함께 먹을 때 상승 효과를 일으켜 더 많은 단백질을 섭취할 수 있어요. 단백질이 풍부한 두부와 비타민이 풍부한 브로콜리를 섞어 요리하면 서로 부족한 영양소를 보완할 수 있어서 좋아요.

### 재료

- 쌀 70g
- 두부 1/4모(100g)
- 브로콜리 꽃송이 부분 1/4컵(55g)
- (과정 3) 물 300mL

### 응용 레시피

가정이나 식당에서 흔히 볼 수 있는 반찬 중 하나가 시금치두부무침입니다. 그런데 시금치와 두부는 함께 먹으면 칼슘 섭취를 방해하는 궁합이 좋지 않은 음식이에요. 시금치 대신 브로콜리를 넣어 두부브로콜리무침을 만들어보세요.
두부는 1분간 데쳐서 으깨고, 브로콜리는 3분간 충분히 데쳐서 적당한 크기로 썬 다음 섞어 소금과 후추 간을 곁들입니다. 여기에 견과류나 꿀을 섞으면 더 맛있게 먹을 수 있어요.

1. 쌀은 씻어 물에 30분 이상 불린 뒤 쌀알의 1/3 크기로 간다.

2. 두부는 끓는 물에 1분간 데쳐 숟가락이나 손으로 으깬다.

3. 브로콜리는 끓는 물에 3분 이상 데쳐 찬물에 헹군 다음 잘게 다진다. 브로콜리를 삶은 물은 따로 담아둔다.

4. 냄비에 모든 재료를 넣고 브로콜리 삶은 물을 부은 뒤 중불에 올려 죽이 끓어 오르면 약불로 줄여 7분 더 끓인다.

아이주도이유식 중기 레시피

# 소고기죽·닭고기죽

**원기 보충**

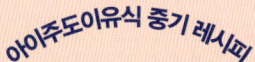

아이가 아직 고기를 잘 씹지 못해 아이주도이유식을 하면서 고기를 충분히 먹지 못하는 게 걱정된다면 소고기죽, 닭고기죽으로 보충해주세요. 생후 6개월이 지나면 엄마로부터 받은 철분이 부족해지기 때문에 철분이 풍부한 소고기를 먹여야 해요. 또한 단백질 함유량은 많지만 지방은 거의 없는 닭고기죽도 아이에게 훌륭한 이유식이에요. 같은 레시피로 진행하되 다 만든 뒤 체에 한 번 거르면 아이주도이유식 초기에 소고기미음, 닭고기미음으로 먹일 수 있어요.

### 소고기죽

### 닭고기죽

## 재료

**소고기죽**
- 소고기 20g
- 쌀 120g
- (과정 3) 물 300mL

**닭고기죽**
- 닭 안심 20g
- 쌀 120g
- (과정 3) 물 300mL

● 간 소고기는 핏물과 상관없이 죽을 끓일 때 뭉치지 않도록 체에 밭치고 물로 한 번 씻는 것이 좋습니다.

## 응용 레시피

아이가 소고기죽, 닭고기죽에 익숙해지면 각종 채소를 추가해서 만들어도 좋아요. 음식 궁합표(26쪽)를 참고하면 여러 가지 채소를 추가해 다양한 죽을 만들 수 있어요.

### 소고기죽

1. 소고기는 30분 정도 물에 담가 핏물을 제거한다.
2. 쌀은 물에 불려 쌀알의 1/3 크기로 믹서에 간다.
3. 냄비에 1의 소고기와 2의 쌀을 넣고 물을 부은 뒤 중불에 올려 죽이 끓어오르면 약불로 줄이고 쌀알이 충분히 퍼질 때까지 7분 이상 끓인다.

### 닭고기죽

1. 닭 안심은 끓는 물에 10분 이상 삶아 완전히 익힌다.
2. 1의 닭고기는 3mm 크기로 잘게 다진다.
3. 쌀은 물에 불려 쌀알의 1/3 크기로 믹서에 간다.
4. 냄비에 2의 닭고기와 3의 쌀을 넣고 물을 부은 뒤 중불에 올려 죽이 끓어오르면 약불로 줄이고 쌀알이 충분히 퍼질 때까지 7분 이상 끓인다.

아이주도이유식 중기 레시피

# 치킨누들수프

**입맛 없고 아플 때 먹는 보양식**

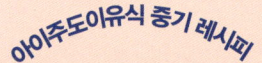

아이가 아파 죽을 거부하고 음식을 잘 넘기지 못한다면 치킨누들수프를 만들어 먹여보세요. 단백질이 풍부한 닭고기, 비타민 A가 풍부한 당근, 비타민 $B_1$과 $B_2$가 풍부한 셀러리, 비타민 $B_1$의 흡수를 돕고 감기에 걸렸을 때 먹으면 좋은 양파, 탄수화물이 풍부한 감자가 들어가 맛도 좋은 보양식이랍니다. 닭고기와 채소를 푹 삶기만 해도 깊은 맛이 나는 치킨누들수프. 면 대신 밥을 넣어도 좋아요.

### 재료

**치킨누들수프**
- 닭 1마리
- 셀러리 4대
- 당근·감자·양파 300g씩
- 에그누들(또는 칼국수나 밥) 50원 동전 크기 한 줌

**육수**
- 셀러리 1대
- 당근·감자·양파 100g씩
- 양파 껍질 약간
- 통후추 10알
- 깐 마늘 5톨

● 가족이 함께 먹기에 충분한 양입니다. 아이 몫을 덜어두고 가족 식사로 활용해 보세요.

● 양이 너무 많아 만들기 부담된다면 채소의 양을 줄이고 닭은 가슴살로 대체, 육수는 시중에서 파는 치킨스톡을 사용하면 보다 간단하게 만들 수 있어요.

● 에그누들은 한국의 칼국수와 식감이 비슷해요. 칼국수를 사용해도 되고 치킨누들수프에 밥을 곁들여도 좋아요.

1 닭은 흐르는 물에 씻어 준비한다.

2 셀러리, 당근, 감자, 양파는 한입 크기로 썬다.
   *tip* 육수용 채소는 큼직하게 썰고 나머지 채소는 아이가 먹기 좋은 크기로 썰어주세요.

3 큰 냄비에 닭과 육수 재료를 넣고 닭이 잠기도록 물을 부어 중불에서 끓인다.

4 물이 끓어오르면 위에 떠오르는 거품을 걷어내며 약불로 줄여 30분~1시간 동안 끓인다.
   *tip* 육수의 색이 진해질 때까지 끓여주세요.

5 4의 육수는 따로 담아두고 닭은 꺼내 식힌 뒤 살만 바른다.

6 냄비에 5의 닭고기와 육수, 2의 채소를 넣고 채소가 푹 익을 때까지 끓인다.

7 채소가 다 익으면 에그누들을 넣고 10분 이상 끓인다.

### 응용 레시피

⊙ 치킨누들수프는 어른에게도 아주 훌륭한 식사예요. 아이가 먹을 것은 덜어두고 후추와 소금으로 간을 해보세요. 깜짝 놀랄 만큼 맛있고 든든한 수프가 완성될 거예요.

⊙ **남은 셀러리 활용**
수프를 끓이고 남은 셀러리는 처치 곤란일 때가 많아요. 남은 셀러리는 마요네즈나 땅콩버터를 찍어 간식으로 먹거나 볶음으로 만들어 반찬으로 활용하세요. 끓는 물에 살짝 데친 뒤 1cm 크기로 썰어 올리브유를 두른 팬에 고춧가루 1큰술, 다진 마늘 1/2큰술, 국간장 2큰술을 넣고 볶으면 밥반찬으로도 훌륭해요.

# Chapter 5
아이주도이유식 후기 레시피_9~11개월

아이주도이유식 후기 안내
아이주도이유식 후기 식단
아이주도이유식 후기 레시피

# 아이주도이유식 후기 안내

생후 9~11개월에는 아이가 기어 다니고 다리에 힘이 생겨 잡고 일어설 수 있습니다. 빠른 아이들은 돌 전에 걷기도 합니다. 그러나 아이가 기고 걸을 수 있다고 해서 이유식 시간에 아이가 돌아다니며 음식을 먹게 해서는 안 됩니다. 이유식은 되도록 정해진 시간에 정해진 자리에서 먹게 해야 합니다. 또한 유아식에 대비해 숟가락이나 포크를 사용하는 연습을 시키는 것이 좋습니다.

## 아이주도이유식 후기에 먹이면 좋은 재료의 효능과 보관법

| | |
|---|---|
| 숙주 | 섬유소가 풍부하고 열량이 낮아 서로 영양을 보완할 수 있는 소고기와 함께 먹으면 좋습니다. 물에 담가 냉장 보관합니다. |
| 콩나물 | 콩나물은 대가리에는 단백질, 지방, 비타민 C가 많고 줄기에는 당분과 식이섬유, 뿌리에는 아스파라긴산이 함유되어 있습니다. 물에 씻으면 쉽게 무르므로 씻지 말고 냉장 보관합니다. |
| 파 | 몸을 따뜻하게 하고 열을 내리며 기침이나 담을 없애는 데 효과가 있습니다. 오래 가열하면 영양소가 파괴되므로 조리할 때 마지막에 넣어 열을 살짝만 가하는 것이 좋습니다. |

 **과일**

| 참외 | 엽산과 비타민 C가 풍부한 과일로 이뇨 작용에도 도움을 줍니다. |
|---|---|
| 포도 | 비타민과 유기산이 풍부하며 수분이 많아 갈증 해소에 좋고 피로 회복에도 도움을 줍니다. 종이 봉투에 싸인 상태로 보관하거나 신문지로 싸서 냉장 보관합니다. |
| 토마토 | 비타민 K가 풍부해 칼슘이 빠져나가는 것을 막아주고 비타민 C도 풍부합니다. 활성산소를 배출시키는 데 도움을 주는 토마토의 라이코펜 성분은 열을 가하면 흡수가 더 잘됩니다. |
| 딸기 | 비타민 C가 많이 들어 있는 과일 중 하나입니다. 또한 펙틴이라는 식이섬유도 풍부해 혈액의 흐름을 원활하게 해줍니다. 딸기는 무르기 쉬우므로 되도록 빨리 먹고, 습도에 약하므로 종이 상자에 담아 보관합니다. |
| 귤 | 귤의 비타민 C는 피부와 점막을 튼튼하게 해주며 감기 예방 효과가 있습니다. 귤은 겹쳐놓으면 상하기 쉬우므로 통풍이 잘되게 보관합니다. |

★ 아주 어린아이의 경우 토마토는 소화하기가 힘들고, 딸기와 키위처럼 씨가 작아 과육과 씨를 같이 먹는 과일은 알레르기를 일으키기 쉽습니다. 또한 귤은 신맛이 강하므로 토마토, 딸기, 귤은 돌 즈음인 이유식 후기에 주는 것이 좋습니다. 후기에 조금 먹여보고 알레르기 반응이 없으면 계속 먹여도 좋습니다. 가족력이나 다른 이유로 알레르기 질환이 의심되는 아이는 반드시 의사와 상의한 다음 먹여야 합니다.

 **면류**

| 소면 | 밀가루, 메밀가루 등을 이용해서 만든 면으로 국물과 함께 먹거나 비빔국수 등을 할 때 사용합니다. 서늘하고 통풍이 잘되는 곳에 보관합니다. |
|---|---|
| 스파게티, 파스타 | 반죽에 달걀을 섞은 국수로 면이 긴 스파게티 종류와 짧은 파스타 종류가 있습니다. 아이에게는 면이 짧고 통통한 파스타를 주어야 먹기 편합니다. |
| 쌀국수 면 | 쌀국수 면은 기름에 튀기지 않고 밀가루도 들어가지 않아 아이주도이유식에서 면 요리를 할 때 사용하면 좋습니다. |

★ 면류를 먹이기 전 이유식 중기에 밀가루 알레르기 테스트를 완료해야 합니다.

## 이상 증상이 있을 때 먹이면 좋은 재료

| 변비 | 바나나, 복숭아, 배, 사과, 자두, 고구마, 시금치, 브로콜리, 양배추, 배추, 아욱, 청경채 |
|---|---|
| 설사 | 소고기, 찹쌀, 감자, 단호박, 당근, 완두콩, 대추 |
| 빈혈 | 소고기, 브로콜리, 완두콩, 시금치, 미역, 달걀노른자, 표고버섯 |
| 감기 | 감자, 양배추, 브로콜리, 오이, 단호박, 고구마, 배, 닭고기, 사과, 무, 당근, 대추, 배추, 아욱, 연근 |

## 함께 먹으면 좋지 않은 식재료

| | | |
|---|---|---|
| 소고기 | 고구마, 밤 | 소화에 필요한 위산의 농도가 달라 소화가 잘 안 됩니다. |
| | 부추 | 뜨거운 성질을 가진 소고기와 부추를 함께 먹으면 위염이나 소화불량이 생길 수 있습니다. |
| 닭고기 | 자두 | 소화가 잘 안 되고 성질이 차 배탈이 나기 쉽습니다. |
| 조개 | 옥수수 | 배탈이 나기 쉽고 식중독을 유발할 수 있습니다. |
| 시금치 | 두부 | 칼슘 흡수를 방해하고 담석을 유발할 수 있습니다. |
| 콩 | 치즈 | 인산과 칼슘의 결핍을 유발할 수 있습니다. |
| 당근 | 양배추, 오이, 무 | 함께 섭취하면 비타민 C가 파괴될 수 있습니다. |
| 고구마 | 땅콩 | 두 식품 모두 녹말의 함량이 높아 비만을 일으킬 수 있습니다. |
| | 감 | 감에 들어 있는 타닌 성분과 반응을 일으켜 위궤양 같은 위 질환이 생길 수 있습니다. |

★ 음식 궁합표(26쪽)와 함께 기억하세요.

# 아이주도이유식 후기 식단

**수유 · 이유식 스케줄 예**

| AM 7:00 | AM 8:00 | AM 11:00 | PM 1:00 | PM 3:30 | PM 5:00 | PM 6:00 | PM 7:30 |
| 모유/분유 210~240mL | 아이주도 이유식 | 간식 | 모유/분유 150~200mL | 아이주도 이유식 | 간식 | 아이주도 이유식 | 모유/분유 210~240mL |

(낮잠 1, 낮잠 2)

- 위의 표는 예시이므로 아이와 엄마의 스케줄에 맞게 조정하면 됩니다. 아이주도이유식 후반부로 접어들면 보통 하루에 모유(또는 분유) 3회, 이유식 3회, 간식 1~2회를 먹게 됩니다. 하지만 이는 아이가 하루에 낮잠을 몇 번 자고 얼마나 자는지, 아침에 일찍 일어나는지 늦게 일어나는지, 저녁에 잠은 언제 자는지 등의 여러 가지 이유로 바뀔 수 있습니다.

  그래도 모유(또는 분유)는 3회 미만, 이유식은 식사를 하는 것처럼 아침, 점심, 저녁으로 먹이는 게 좋습니다. 간식은 간단히 과일을 먹여도 좋고 찐 채소나 아이주도식 요리, 아이 쌀과자, 플레인요구르트, 어린이 치즈 등 엄마의 편의대로 메뉴를 구성해도 좋습니다.

- 아이주도이유식 후기로 접어들었는데도 모유나 분유를 먹는 횟수가 많다면 간격을 늘려 먹는 횟수를 조절해야 돌 이후에 생우유로 바꾸기가 수월합니다. 또한 모유나 분유를 조금씩 자주 먹으면 아이가 배가 고파 짜증을 내기 쉬우므로 이를 방지하기

위해서라도 후기에는 횟수를 줄여야만 합니다. 처음에는 힘들더라도 아이가 우유를 먹고 싶어 하면 간식이나 찐 채소를 주고 산책을 나가는 등 아이의 관심을 돌리며 일주일 정도만 노력하면 충분히 주기를 늘릴 수 있습니다. 이렇게 모유나 분유를 먹는 횟수를 줄이면 이유식을 먹는 양이 늘어납니다.

### 아이주도이유식 후기 식단 구성

이제 아이주도이유식 후기로 접어들었습니다. 몇 달간 아이주도이유식을 해오면서 아이가 어떤 음식을 좋아하고 싫어하는지, 한 번에 먹는 양은 어느 정도인지, 배부르면 어떤 신호를 보내는지, 어떻게 이유식을 준비하면 편한지 등의 요령이 생겨 초기나 중기에 비해 많이 수월해졌을 것입니다. 혹은 아이가 안 먹는 시기로 접어들어 고민에 빠졌을 수도 있습니다.

하지만 아이주도이유식, 죽이유식, 심지어 돌 이후 유아식을 할 때도 아이들은 잘 먹는 시기와 잘 먹지 않는 시기가 번갈아 찾아옵니다. 아이가 찐 채소에 싫증을 낸다면 후기에는 더 많은 재료를 사용할 수 있고 만들 수 있는 음식도 다양하므로 아이주도이유식 요리를 이용해 다시 흥미를 느끼게 하면 됩니다. 다음 표(아이주도이유식 후기 식단표, 186~187쪽)는 아이주도이유식 후기 식단을 어떻게 구성하면 좋을지 고민스러울 때 참고하면 좋습니다.

- 이 식단표는 참고용으로 엄마가 아이의 선호도나 음식을 받아들이는 정도에 따라 바꿀 수 있습니다.
- 아이는 이제 하루에 이유식 3회, 간식 1~2회, 즉 하루에 총 4~5회의 식사를 하게 됩니다. 식단표는 죽이유식/아침/간식/점심/간식/저녁으로 짜여 있는데, 엄마와 아이의 기호에 따라 죽이유식을 함께 줘도 좋고 죽이유식과 아이주도이유식을 번갈아 줘도 좋습니다.

예 ❶ 아침 : 소고기브로콜리콩나물무른밥 / 간식 : 떡뻥, 자두 / 점심 : 감자양파오믈렛 / 간식 : 브로콜리키시 / 저녁 : 찐당근, 찐브로콜리, 고구마

예 ❷ 아침 : 소고기콜리플라워무른밥 + 아보카도 + 바나나 / 간식 : 단호박구이 / 점심 : 찐가지, 오이, 찐감자 / 간식 : 플레인요구르트 / 저녁 : 토마토달걀파스타

- 식단은 얼마든지 바꿀 수 있으나 소고기나 닭고기를 죽이나 아이주도이유식 요리를 통해 거의 매일 섭취할 수 있도록 구성하는 것이 좋습니다.
- 채소를 매일 새로 찌고 아이주도이유식 요리를 매일 새로 만들려면 손이 많이 갑니다. 죽이유식과 병행하는 경우 죽이유식은 두 종류를 일주일치를 만들어두고 아이주도이유식은 한 번 만들어 2~3일간 활용하고, 매일 아침 그날 먹을 채소의 양을 정해 채소만 아침에 쪄두면 편리합니다.(채소도 한 번에 쪄두고 2~3일간 활용해도 무방합니다.)
- 후기의 무른밥 이유식은 다음과 같은 팁만 알아두면 레시피 없이 쉽게 만들 수 있습니다.

### 후기 무른밥 이유식 만들기

1. 쌀은 갈지 않고 흰쌀 그대로 사용한다.
2. 생쌀 1/2컵에 물 500mL 정도의 양이면 대략 5~7일 먹일 분량이 나온다.
   *tip* 아이마다 먹는 양이 다르므로 이 부분은 만들면서 줄이거나 늘리면 됩니다.
3. 후기 이유식에 들어가는 재료 중 소고기는 핏물을 뺀 뒤 삶아서 다지고, 닭고기는 삶아서 다진 뒤 사용한다.
4. 채소는 적당한 크기로 다진 뒤 쌀과 함께 넣어 끓인다.
   *tip* 이유식에 들어가는 채소의 양은 기호에 맞게 조절하면 되지만, 보통 다진 채소 2~4큰술 양이면 좋습니다.

## 아이주도이유식 후기 식단표

|   | 1 | 2 | 3 | 4 | 5 | 6 | 7 | 1주 차 장바구니 |
|---|---|---|---|---|---|---|---|---|
| 죽 | 소고기브로콜리콩나물무른밥, 양배추당근콩나물무른밥 | 소고기브로콜리콩나물무른밥, 양배추당근콩나물무른밥 | 소고기브로콜리콩나물무른밥, 양배추당근콩나물무른밥 | 소고기브로콜리콩나물무른밥, 양배추당근콩나물무른밥 | 소고기브로콜리콩나물무른밥, 양배추당근콩나물무른밥 | 소고기브로콜리콩나물무른밥, 양배추당근콩나물무른밥 | 소고기브로콜리콩나물무른밥, 양배추당근콩나물무른밥 | 소고기, 브로콜리, 콩나물, 양배추 당근, 감자 양파, 사과 플레인요구르트 자두, 달걀, 고구마 바나나, 배, 옥수수 버섯, 파프리카 떡뻥, 어린이 치즈 애호박, 마카로니, 생크림 |
| 아침 | 감자양파오믈렛 | 찐당근, 찐양배추 찐버섯 | 찐브로콜리, 찐고구마, 파프리카 | 찐애호박, 찐감자, 찐당근, 찐버섯 | 아기식빵, 파프리카스틱 | 아기식빵, 사과 | 찐당근, 찐애호박, 찐고구마 | |
| 간식 | 사과, 플레인요구르트 | 떡뻥, 자두 | 브로콜리토트 | 브로콜리토트 | 어린이 치즈, 사과 | 당근사과스무디 | 당근사과스무디 | |
| 점심 | 찐당근, 찐브로콜리, 감자 | 감자양파오믈렛 | 찐당근, 찐감자, 바나나 | 고구마피자 | 고구마피자 | 소고기밥전 | 아기맥앤치즈 | |
| 간식 | 브로콜리키시 | 브로콜리키시 | 어린이 치즈, 배 | 플레인요구르트 | 떡뻥, 배 | 플레인요구르트 | 찐감자, 자두 | |
| 저녁 | 찐당근, 찐브로콜리, 감자 | 찐당근, 찐브로콜리, 고구마 | 찐양배추, 찐고구마, 찐당근, 찐감자 | 찐양배추, 찐감자, 찐애호박, 자두 | 찐당근, 찐감자, 찐애호박 | 아기맥앤치즈 | 소고기밥전 | |
|   | 8 | 9 | 10 | 11 | 12 | 13 | 14 | 2주 차 장바구니 |
| 죽 | 소고기콜리플라워무른밥, 애호박무른밥 | 소고기콜리플라워무른밥, 애호박무른밥 | 소고기콜리플라워무른밥, 애호박무른밥 | 소고기콜리플라워무른밥, 애호박무른밥 | 소고기콜리플라워무른밥, 애호박무른밥 | 소고기콜리플라워무른밥, 애호박무른밥 | 소고기콜리플라워무른밥, 애호박무른밥 | 소고기, 달걀 콜리플라워 애호박, 아보카도, 당근, 단호박, 감자 고구마, 오이 토마토, 가지, 김 바나나, 귤, 멜론 떡뻥, 한천가루 플레인요구르트 어린이 치즈 |
| 아침 | 찐애호박, 찐콜리플라워 | 찐애호박, 찐당근, 찐감자 | 아보카도, 바나나 | 찐가지, 오이, 찐감자 | 찐단호박, 찐가지, 찐당근 | 찐애호박, 찐당근, 찐콜리플라워 | 찐단호박, 찐가지, 찐당근 | |
| 간식 | 아보카도바나나스무디 | 단호박구이 | 단호박구이 | 어린이 치즈, 귤 | 플레인요구르트 | 귤푸딩 | 귤푸딩 | |
| 점심 | 찐당근, 찐단호박, 찐감자 | 토마토달걀파스타 | 찐가지, 오이, 찐감자 | 애호박소고기전 | 찐콜리플라워, 토마토, 찐단호박 | 찐감자, 찐당근, 찐애호박 | 찐콜리프라워, 토마토, 찐단호박 | |
| 간식 | 떡뻥, 오이스틱 | 단호박구이, 멜론 | 플레인요구르트 | 떡뻥, 오이스틱 | 단호박찐빵 | 단호박찐빵 | 단호박찐빵 | |
| 저녁 | 찐애호박, 찐당근, 찐감자 | 찐콜리플라워, 찐고구마 | 토마토달걀파스타 | 찐애호박, 찐콜리플라워, 찐고구마 | 애호박소고기전 | 찐콜리플라워, 찐고구마 | 찐애호박, 찐고구마, 찐당근 | |
|   | 15 | 16 | 17 | 18 | 19 | 20 | 21 | 3주 차 장바구니 |
| 죽 | 연어브로콜리무른밥, 닭시금치무른밥 | 연어브로콜리무른밥, 닭시금치무른밥 | 연어브로콜리무른밥, 닭시금치무른밥 | 연어브로콜리무른밥, 닭시금치무른밥 | 연어브로콜리무른밥, 닭시금치무른밥 | 연어브로콜리무른밥, 닭시금치무른밥 | 연어브로콜리무른밥, 닭시금치무른밥 | 연어, 닭다리, 흰쌀 빵가루, 파스타 떡뻥, 밀가루 우유, 어린이 치즈 플레인요구르트 브로콜리, 시금치 파, 가지, 감자 당근, 고구마, 애호박, 양파, 토마토, 레몬, 바나나, 딸기 수박, 사과 베이킹파우더 무염 버터, 레몬즙 |
| 아침 | 찐브로콜리, 찐감자, 바나나 | 가지전, 바나나 | 찐당근, 찐고구마, 찐브로콜리 | 찐애호박, 찐브로콜리 | 시금치프리타타 | 시금치프리타타 | 찐브로콜리, 찐감자, 바나나 | |
| 간식 | 코티지치즈, 딸기 | 떡뻥, 수박 | 플레인요구르트, 딸기 | 떡뻥, 사과 | 바나나 | 사과머핀 | 고구마분유쿠키 | |
| 점심 | 찐감자, 찐가지 | 연어케이크 | 감자브로콜리치즈구이 | 시금치파스타 | 찐당근, 찐고구마 | 찐브로콜리, 찐애호박, 찐당근 | 찐브로콜리, 찐애호박, 찐당근 | |
| 간식 | 어린이 치즈 | 코티지치즈, 딸기 | 바나나 | 어린이 치즈, 딸기 | 고구마분유쿠키 | 플레인요구르트 | 사과머핀 | |
| 저녁 | 연어케이크 | 찐닭다리, 찐감자, 찐가지 | 시금치파스타 | 감자브로콜리치즈구이 | 시금치프리타타, 찐감자, 찐당근 | 찐가지, 찐감자, 찐애호박 | 찐가지, 찐감자, 찐애호박 | |

|  | 22 | 23 | 24 | 25 | 26 | 27 | 28 | 4주 차 장바구니 |
|---|---|---|---|---|---|---|---|---|
| 죽 | 소고기양파무른밥, 달걀무른밥 | 소고기양파무른밥, 달걀무른밥 | 소고기양파무른밥, 달걀무른밥 | 소고기양파무른밥, 달걀무른밥 | 소고기양파무른밥, 달걀무른밥 | 소고기양파무른밥, 달걀무른밥 | 소고기양파무른밥, 달걀무른밥 | 소고기, 달걀 두부, 빵가루 플레인요구르트 어린이 치즈 당근, 고구마, 감자 양파, 파, 단호박 버섯, 메주콩, 오이 소면, 방울토마토 사과, 바나나 블루베리 말린 허브 |
| 아침 | 달걀찜 | 찐감자, 찐당근 | 찐단호박, 찐당근 | 감자샐러드볼 | 찐고구마, 찐버섯, 찐단호박 | 찐당근, 찐고구마 | 단호박찐빵 | |
| 간식 | 당근사과스무디 | 고구마말랭이 | 블루베리 | 바나나 | 감자샐러드볼 | 어린이 치즈 | 토마토, 블루베리 | |
| 점심 | 찐고구마, 찐당근 | 두부소고기채소전 | 미트볼 | 두부소고기채소전 | 두부구이, 토마토 | 콩국수 | 콩국수 | |
| 간식 | 고구마말랭이 | 블루베리 | 고구마말랭이 | 플레인요구르트 | 오이 | 단호박찐빵 | 바나나 | |
| 저녁 | 찐감자, 찐당근 | 미트볼 | 두부소고기채소전 | 두부구이, 찐단호박 | 두부소고기채소전 | 찐고구마, 찐버섯 | 찐당근, 찐고구마 | |
|  | 29 | 30 |  |  |  |  |  | 5주 차 장바구니 |
| 죽 | 소고기케일죽, 단호박양배추죽 | 소고기케일죽, 단호박양배추죽 |  |  |  |  |  | 소고기, 새우 브로콜리, 양파 당근, 단호박 양배추, 감자 플레인요구르트 망고, 빵가루 |
| 아침 | 찐단호박, 찐브로콜리 | 찐단호박, 찐양배추, 찐감자 |  |  |  |  |  | |
| 간식 | 단호박양갱 | 단호박양갱 |  |  |  |  |  | |
| 점심 | 브로콜리토츠 | 브로콜리토츠 |  |  |  |  |  | |
| 간식 | 새우완자 | 플레인요구르트 |  |  |  |  |  | |
| 저녁 | 찐단호박, 찐양배추, 찐감자 | 새우완자 |  |  |  |  |  | |

★ 식단표에 나온 죽 이유식은 책에 소개하지 않은 메뉴도 포함되어 있습니다.
★ 아이주도이유식 요리를 가족 반찬이나 저녁 식사에 활용해도 좋습니다.
  예) 스무디 요리(당근사과스무디, 아보카도바나나스무디 등)는 유아나 엄마, 아빠의 간식으로 함께 먹기
  예) 미트볼은 아이가 먹을 양을 덜어두고 나머지에 간을 추가해서 가족용 미트볼스파게티 만들기

아이주도이유식 후기 레시피

# 감자달걀샐러드볼

### 수분과 식이섬유 풍부

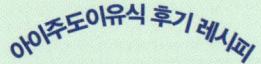

감자에 오이를 곁들이면 부드럽고 고소한 감자에 오이의 향긋한 향이 더해져 맛있는 감자샐러드가 탄생합니다. 오이는 수분과 식이섬유가 많고 이뇨 작용을 촉진해서 변비 해소에 좋아요.

### 재료

- 감자 120g
- 달걀 1개
- 마요네즈·무염 버터 1큰술씩
- 당근 40g
- 오이 60g
- 빵가루 15g

*1* 감자는 껍질을 벗기고 4등분해 중불에서 20분간 삶은 뒤 으깬다.

*2* 달걀은 완숙으로 삶은 뒤 노른자만 분리해서 으깬다.

*3* 볼에 1, 2의 재료와 잘게 다진 오이와 당근, 빵가루를 넣어 섞는다.

*4* 3을 아이가 먹기 좋은 크기의 볼 모양으로 만든다.

*5* 에어프라이어에 넣고 180℃에서 5분, 뒤집어서 3분간 굽는다.

### 응용 레시피

- 올리고당이나 꿀 1/2큰술, 소금을 약간 더하면 어른이 먹어도 맛있는 감자샐러드가 돼요.

- 감자샐러드샌드위치
  식빵에 발라 샌드위치를 만들어도 좋아요.

아이주도이유식 후기 레시피

# 감자양파오믈렛

**간편한 가족 식사**

돌이 가까워질수록 엄마, 아빠와 함께 식사하는 것이 더욱 중요합니다. 떠먹여야 하는 음식이 아니라면 엄마, 아빠가 식사할 때 아이도 같이 먹게 해보세요. 매번 아이와 어른이 함께 먹긴 힘들지만 엄마, 아빠와 같이 먹으면 아이가 정말 신나 보일 거예요. 아침 식사로 간단히 먹을 수 있는 감자양파오믈렛이에요. 홈메이드 케첩과 함께 먹어도 좋아요.

### 재료

○ 감자 65g
○ 양파 1/3개(35g)
○ 달걀 2개
○ 모유(또는 분유물) 1/4컵(60mL)
○ 무염 버터 1작은술

● 어린이 케첩(268쪽)을 뿌려주면 아이가 좋아해요.

● 달걀흰자를 쓰는 게 염려된다면 과정 2에서 달걀노른자만 사용해도 괜찮아요.

1. 양파는 채 썰고, 감자는 최대한 얇게 원형으로 썬다.
2. 그릇에 달걀을 풀어 모유(또는 분유물)와 섞는다.
3. 팬에 무염 버터를 녹인 뒤 채 썬 양파를 중불에서 볶는다.
4. 양파가 투명해지면 얇게 썬 감자를 넣고 감자의 색이 노르스름해질 때까지 중불에서 볶는다.
5. 4에 2의 달걀물을 넣고 뚜껑을 덮은 뒤 약불로 줄여 달걀이 완전히 익을 때까지 둔다.

### 응용 레시피

소금과 후추만 추가하면 훌륭한 엄마, 아빠용 아침 식사가 됩니다. 간을 따로 하기 힘들다면 케첩을 뿌려 먹어도 맛있어요.

아이주도이유식 후기 레시피

# 감자피자

### 칼륨·철분 풍부

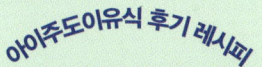

밀가루 도우가 필요 없어 비교적 쉽게 만들 수 있는 감자피자. 감자는 탄수화물, 칼륨, 철분이 풍부합니다. 특히 감자는 같은 양의 쌀밥보다 철분이 많아 철분 섭취가 필요한 아이들에게 좋아요. 그러나 감자는 단백질과 지방 함량이 적기 때문에 어린이 치즈와 함께 먹으면 더욱 좋습니다.

### 재료

- 감자 120g
- 양파 1/3개(35g)
- 파프리카 1/4개(40g)
- 옥수수 알 1/4컵(40g)
- 어린이 치즈 1장
- 어린이 케첩(268쪽) 2큰술

● 감자는 표면이 매끄럽고 흠이 적으며 단단한 것을 고르세요. 싹이 나 있거나 녹색을 띠는 것은 피해야 합니다.

● 통조림 옥수수를 사용할 때는 찬물에 한 번 씻어주세요.

*1* 감자는 껍질을 벗긴 뒤 5mm 두께로 동그랗게 썰어 끓는 물에 5분, 80% 정도 익도록 삶는다.

*2* 양파, 파프리카, 치즈는 3~5mm 크기로 잘게 썰고 옥수수는 끓는 물에 20분간 삶아 알만 발라낸다.

*3* 볼에 2와 케첩을 넣고 섞는다.

*4* 1의 감자 위에 3과 치즈를 올린다.

*5* 4를 200℃로 예열한 오븐에 10분간 굽는다.

### 응용 레시피

◉ 전자레인지 이용
1 2의 양파, 파프리카, 옥수수 알을 약불로 달군 프라이팬에 물 2큰술을 두르고 약 5분간 익힌다.
2 1과 케첩 2큰술을 섞은 후 감자 위에 올리고 그 위에 치즈를 올린다.
3 전자레인지용 그릇에 완성 재료를 올린 다음 치즈가 녹고 감자가 조금 더 익을 때까지 약 2~3분간 익힌다.

아이주도이유식 후기 레시피

# 게살케이크

### 단백질·칼슘 풍부

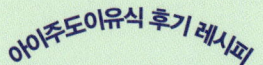

게살케이크는 주재료인 게살에 빵가루, 마요네즈, 우유, 달걀 등을 더해 만드는 대표적인 피시케이크입니다. 게살은 감칠맛이 나 아이들이 좋아하는 것은 물론 단백질 함량이 높고 칼슘, 마그네슘, 아연 등이 풍부해 성장에 도움이 됩니다.

### 재료

○ 게살 60g
○ 양파 1/4개(30g)
○ 쪽파 1뿌리
○ 파프리카 1/4개(40g)
○ 빵가루 1/4컵(20g)
○ 두부 마요네즈(260쪽) 2큰술
○ 식용유 약간

● 초록마을 다짐대게살(80g)을 이용할 경우 2/3팩 분량을 사용하세요.

### 게살수프

○ 남은 게살
○ 다시마 5x5cm 크기 1장
○ 멸치 3마리
○ 소금·후추 약간씩
○ 팽이버섯 1/4팩
○ 대파 1/4컵
○ 달걀 1개, 국간장·전분·물 1큰술씩

### 응용 레시피

⦿ 빵가루와 마요네즈는 생략하고 게살과 채소, 달걀노른자 1개를 믹서에 넣고 간 다음 동그란 볼 모양으로 만들어 주세요. 찜기에 약 10분간 쪄서 게살볼을 만들어 활용할 수 있어요.
⦿ 남은 게살은 어른용 게살수프로 만들어 드세요.

*1* 게살, 양파, 쪽파, 파프리카는 0.3mm 크기로 잘게 다진다.

*2* 볼에 1과 빵가루, 두부 마요네즈를 넣어 섞는다.

*3* 중불로 달군 프라이팬에 식용유를 두른 뒤 키친타월로 닦아내고 게살케이크를 한입 크기로 동그랗게 빚어 노릇하게 굽는다.

> **tip** 잘 뭉쳐지지 않으면 전분을 조금 추가해도 좋아요. 굽는 과정에서 부서질 수 있으니 숟가락으로 누르지 말고 굴리며 구워주세요.

### 게살수프

1 대파는 송송 썰고 팽이버섯과 게살은 적당한 크기로 찢어둔다.
2 달걀은 잘 풀어놓는다.
3 끓는 물에 다시마와 멸치를 넣어 육수를 만든다.
4 다시마와 멸치를 건진 다음 1의 게살을 넣고 1분간 끓이다 팽이버섯을 넣는다.
5 수프가 끓어오르면 2의 달걀물을 풀어 넣는다.
6 전분과 물을 섞어 전분물을 만든 뒤 5에 넣어 농도를 맞춘다.
7 국간장, 소금, 후추를 넣어 간을 맞춘다.
8 썰어둔 대파를 넣고 한소끔 끓인 뒤 불을 끈다.

아이주도이유식 후기 레시피

# 고구마분유쿠키

### 베타카로틴·비타민 풍부

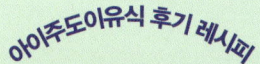

고구마는 베타카로틴과 비타민 C가 들어 있는 알칼리성 식품으로 성인병 예방 효과가 있고 식이섬유가 함유되어 변비에도 좋아요. 맛이 달콤해 아이들이 좋아하고 몸에 좋은 고구마를 이용해 쿠키를 만들어보세요. 일반 쿠키보다 식감이 폭신해 아직 이가 많이 나지 않은 아이들이 먹기에도 좋아요.

### 재료

- 고구마 1/2개(150g)
- 달걀노른자 1개
- 분유물 30mL
- 쌀가루 3+1/2큰술

● 특별한 알레르기가 없다면 고구마분유 쿠키는 아이주도이유식 중기부터 활용해도 좋아요.

### 응용 레시피

쌀가루는 밀가루, 고구마는 단호박으로 대체해도 좋아요.

1  고구마는 20분 이상 쪄서 완전히 익힌 다음 껍질을 벗기고 으깬다.

2  1의 고구마에 달걀노른자, 분유물, 쌀가루를 넣고 잘 섞는다.

3  2의 반죽을 짤주머니에 넣어 종이 포일을 깐 오븐 팬 위에 스틱 형태로 짠 다음 180℃로 예열한 오븐에 15분간 굽는다.

> tip 짤주머니가 없으면 지퍼 백을 이용해도 좋아요. 쿠키 모양은 동그란 모양이나 스틱 모양, 아이가 잘 먹는 모양으로 만드세요.

아이주도이유식 후기 레시피

# 고구마피자

**글루텐 프리**

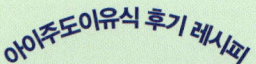

밀가루 도우 없이 만들 수 있는 건강한 피자입니다. 으깬 고구마를 피자 도우처럼 이용해 떠먹을 수 있는데, 고구마와 피자 소스가 어우러진 고소한 맛에 아이와 어른 모두 좋아하는 인기 간식이에요.

### 재료

- 고구마 1개(300g)
- 어린이 치즈 1장
- 옥수수 알 1/3컵(60g)
- 양송이버섯 2개
- 파프리카 1/4개(40g)
- 어린이 케첩 2큰술(268쪽)

● 통조림 옥수수를 사용할 때는 찬물에 한 번 씻어주세요.

### 응용 레시피

◉ 특별히 간을 더 하지 않아도 어른이 함께 먹을 수 있지만 시판 토마토소스를 발라도 괜찮습니다.

◉ **전자레인지와 프라이팬 이용**
1. 자른 양송이버섯과 파프리카는 중약불로 달군 프라이팬에 물 2큰술을 두른 후 약 5분간 익힌다.
2. 전자레인지용 용기에 으깬 고구마를 도우처럼 넓게 펴고 케첩을 바른 후 익힌 양송이버섯, 파프리카, 옥수수 알을 올리고 그 위에 치즈를 올린다.
3. 치즈가 녹을 때까지 전자레인지에 익힌다.

1. 고구마는 20분 이상 푹 쪄서 껍질을 벗기고 으깬다.
2. 옥수수는 끓는 물에 20분간 삶아 알만 발라내고 치즈, 양송이버섯, 파프리카는 5mm 크기로 썰어 준비한다.
3. 오븐 용기에 으깬 고구마를 도우처럼 넓게 편다.
4. 3의 고구마 위에 케첩을 바른다.(생략 가능)
5. 4에 2의 채소와 치즈를 토핑으로 얹고 180℃로 예열한 오븐에 15분간 굽는다.

아이주도이유식 후기 레시피

# 귤푸딩

### 감기 예방, 식욕 회복

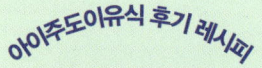

귤은 비타민 C, 유기산, 구연산 등을 함유하고 있습니다. 특히 풍부한 비타민 C는 면역력 강화에 도움이 되며 구연산은 입맛을 살려줍니다. 귤 종류는 아이주도이유식 후기부터 조금씩 시도할 수 있지만 신맛과 단맛이 강해 처음에는 아이가 거부할 수 있어요. 이럴 때는 푸딩으로 만들어주면 좋습니다.

 재료

○ 귤 2개
○ 한천가루 1/2작은술

응용 레시피

귤 외에도 아이가 좋아하는 각종 과일을 갈아서 한천가루와 섞으면 망고푸딩, 키위푸딩 등 다양한 푸딩을 만들 수 있어요.

*1* 귤은 껍질을 벗기고 믹서에 간다.

*2* 1의 귤을 체에 밭쳐 건더기는 버리고 즙만 남긴다.

*3* 냄비에 2의 즙과 한천가루를 넣고 섞어 중불에 올린 뒤 끓어오르면 30초간 더 끓이고 불을 끈다.

*4* 3을 그릇에 부어 냉장고에서 2시간 동안 굳힌다.

아이주도이유식 후기 레시피

# 단호박구이

### 식이섬유·무기질·카로틴 풍부

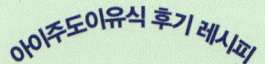

달콤해서 아이들이 좋아하는 채소 중 하나인 단호박에는 식이섬유와 무기질, 카로틴 등의 성분이 함유되어 있습니다. 또한 비타민 A가 풍부해 눈 건강에도 도움을 줍니다. 찐 단호박을 주면 아이 얼굴과 손은 물론 의자와 바닥에까지 많이 묻어 뒷정리가 힘든데, 단호박을 찌지 않고 살짝 구워서 주면 치우기가 한결 수월합니다. 또한 달콤한 맛은 그대로이면서 찐 단호박과는 다른 식감이라 아이들도 좋아해요.

### 재료

○ 단호박 230g
○ 무염 버터 2큰술
○ 시나몬 가루 1/2 작은술

1. 단호박은 전자레인지에 3분간 돌려 부드럽게 만든 뒤 2~3cm 두께로 썬다.
2. 무염 버터는 전자레인지에 30초~1분간 돌려 녹인 뒤 1의 단호박과 섞는다.
3. 2를 180℃로 예열한 오븐에 10분간 구운 뒤 뒤집어서 다시 5~10분간 노릇노릇하게 굽는다.
4. 3의 단호박에 시나몬 가루를 살짝 뿌린다.

### 응용 레시피

견과류나 크랜베리, 건포도 등을 더하면 어른 간식으로도 그만입니다. 조금 더 단맛을 원한다면 무염 버터를 섞을 때 꿀을 약간 넣어보세요.

◉ **프라이팬 이용**
1. 중약불로 달군 프라이팬에 버터와 섞은 2의 단호박을 올리고 뚜껑을 덮은 후 약 10분간 익힌다.
2. 타지 않도록 중간중간 뒤집어준다.
    프라이팬에 구울 때는 단호박이 잘 익지 않아요. 단호박을 자른 후 찜기에서 반 정도 익힌 다음 요리에 활용하면 수월합니다.
3. 다 익힌 단호박에 시나몬 가루를 살짝 뿌린다.

아이주도이유식 후기 레시피

# 단호박찐빵

**오븐 없이 만드는 영양 간식**

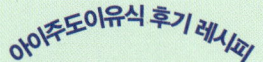

밀가루나 쌀가루 없이도 빵을 만들 수 있습니다. 아이가 기거나 걷기 시작하면서 활동량이 많아질 때 비타민 B와 C, 무기질, 카로틴, 탄수화물 등 영양소가 풍부한 단호박으로 빵을 만들어주면 좋습니다. 단호박을 쪄서 그냥 줄 때보다 손에 묻는 것도 덜하고 식감이 포슬포슬해 아이가 좋아합니다. 오븐을 사용하지 않고 재료도 간단해 쉽게 만들 수 있어요.

### 재료

○ 단호박 460g
○ 달걀 2개
○ 모유(또는 분유물) 1/4컵(60mL)

● 달걀흰자 알레르기가 있다면 2번 과정은 생략하고 만듭니다.

### 응용 레시피

올리고당이나 꿀, 설탕 2큰술을 추가하면 유아나 엄마, 아빠 간식으로도 좋아요.

**1** 단호박은 찜기에 넣어 10분 이상 찐다.
   tip 젓가락으로 찔렀을 때 푹 들어가도록 익혀주세요.

**2** 달걀은 노른자와 흰자를 분리해 흰자만 거품기로 저어 뿔이 생길 때까지 하얀 거품을 만든다.

**3** 1의 찐 단호박은 껍질을 벗기고 으깬다.
   tip 아주 부드러우므로 숟가락으로 으깨도 괜찮아요.

**4** 3에 모유(또는 분유물)와 2를 섞는다.
   tip 거품이 꺼지지 않도록 조심해서 섞어주세요.

**5** 전자레인지용 용기에 4를 담고 랩을 씌운 다음 포크로 구멍을 뚫고 5분간 돌린다.
   tip 전자레인지 사양에 따라 다르므로 5분간 돌린 후 젓가락으로 찔러보아 아무것도 묻어나지 않으면 멈추고, 젓가락에 내용물이 묻어나면 1분씩 더 돌리면서 익었는지 확인하세요.

**6** 5의 찐빵을 전자레인지에서 꺼내 식힌 다음 아이가 먹기 좋은 크기로 썬다.

아이주도이유식 후기 레시피

# 당근케이크

### 비타민 A 함유

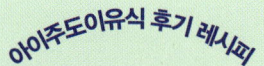

비타민 A가 풍부해 시력에 좋고 면역력을 키워주는 당근. 몸에 정말 좋지만 당근 고유의 향 때문에 싫어하는 아이에겐 폭신폭신한 느낌이 나는 케이크로 만들어주세요. 당근을 싫어하는 아이도 맛있게 먹는 간식이 될 거예요.

### 재료

- 당근 130g
- 밀가루 1컵(120g)
- 베이킹파우더 · 베이킹 소다 1/2작은술씩
- 모유(또는 분유물) 1/2컵(125mL)
- 무염 버터 1큰술

### 응용 레시피

- 5의 반죽에 설탕 1/4컵을 넣으면 어른용 간식으로도 맛있게 먹을 수 있어요.
- 밀가루 대신 쌀가루를 사용해도 좋아요. 다만 쌀가루를 사용하면 케이크의 부풀기나 질감은 달라질 수 있어요.
- 이유식을 끝낸 시기의 아이에게는 모유나 분유물 대신 일반 우유를 넣어 케이크를 만들어도 됩니다.

**1** 밀가루에 베이킹파우더와 베이킹 소다를 넣고 섞는다.

**2** 당근을 믹서에 곱게 간다.
*tip* 이때 당근이 잘 갈리지 않으면 물을 넣고 간 다음 물기는 빼주세요.

**3** 2의 당근을 1에 넣는다.

**4** 3에 모유(또는 분유물)를 넣고 잘 섞는다.

**5** 무염 버터는 전자레인지에 10초간 돌려 녹인 뒤 4와 섞는다.

**6** 베이킹 틀에 무염 버터를 살짝 바른 다음 5의 반죽을 붓고 180℃로 예열한 오븐에 15분간 굽는다.
*tip* 베이킹 틀은 식빵 틀, 머핀 틀, 오븐용 용기 모두 좋아요.

아이주도이유식 후기 레시피

# 동그랑땡

### 단백질·철분 섭취

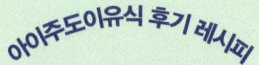

일반 고기처럼 질기지 않고 부드러워 단백질과 철분 섭취를 도와주는 이유식입니다. 동그랑땡은 보통 돼지고기를 많이 이용하지만 돌 전 아기에게 주는 거라 소고기와 닭 가슴살을 섞어 만들었어요. 여기에 각종 채소를 더해 고기와 채소의 영양분을 모두 섭취할 수 있답니다.

### 재료

○ 간 소고기 150g
○ 브로콜리 꽃송이 부분 1/2컵(55g)
○ 닭 가슴살 70g
○ 두부 1/4모(100g)
○ 양파 2/3개(70g)
○ 당근 40g
○ 가지 4cm 크기 1토막
○ 달걀 1개

● 달걀흰자 알레르기가 있다면 노른자만 사용합니다. 이때 노른자는 2개가 필요합니다.

● 일부를 덜어 가족 식사에 활용해보세요.

### 응용 레시피

◉ 돌이 지나 돼지고기 섭취가 가능해지면 닭 가슴살 대신 소고기와 돼지고기를 섞어서 만들어도 좋아요.
◉ 소금과 후추 간을 더하면 유아와 어른용 반찬으로 활용할 수 있어요.

1 두부는 손이나 포크, 숟가락 등으로 으깨고 양파, 브로콜리, 당근, 가지는 잘게 다진다.

2 닭 가슴살은 믹서에 갈아 소고기와 섞는다.

3 볼에 1과 2, 달걀을 넣고 잘 섞은 뒤 쫀득한 느낌이 나도록 치댄다.
   *tip* 달걀은 노른자만 사용할 경우 노른자 2개를 넣어주세요.

4 3의 반죽을 랩 위에 올려놓고 동그란 막대 모양으로 만든 다음 냉동실에 보관한다.
   *tip* 이 상태로 냉동 보관했다가 살짝 해동해서 썰면 동그랑땡을 하나하나 만드는 시간을 단축할 수 있고 모양도 잘 나와요.

5 4를 반 정도 해동한 뒤 1cm 두께로 썰어 달군 프라이팬에 익힌다.
   *tip* 달걀물을 입혀 구워도 좋아요.

아이주도이유식 후기 레시피

# 두부과자티딩스틱

**단백질 섭취**

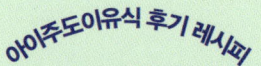

두부는 '밭에서 나는 소고기'라 불리는 콩으로 만든 음식이라 단백질이 풍부해요. 그러나 두부를 그냥 데쳐서 주면 잘 부서져 아이가 먹기보단 가지고 노는 경우가 더 많아요. 으깬 두부와 밀가루로 두부티딩스틱을 만들어보세요. 단백질이 풍부하고 식물성 지방이 들어 있어 건강한 간식입니다.

**재료**

○ 두부 1/2모(200g)
○ 밀가루 150g

*1* 두부는 손이나 푸드 매셔, 포크 등을 이용해 잘 으깬다.

*2* 1의 으깬 두부에 밀가루를 넣는다.

*3* 2를 손으로 잘 뭉쳐 반죽을 만든다.

*4* 3의 반죽을 조금씩 떼서 스틱 모양으로 만든다.
   *tip* 반죽을 18~20g씩 소분해 아이가 잡기 좋도록 길이 6cm, 두께 0.5cm 크기 스틱으로 만들어주세요.

*5* 에어프라이어에 넣고 180℃에서 5분간 굽는다.
   *tip* 조금 더 딱딱한 식감을 원하면 뒤집어서 2분 더 구워주세요.

아이주도이유식 후기 레시피

# 렌틸콩전

**빈혈·변비 예방**

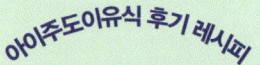

미국의 건강 전문지 〈헬스(Health)〉에서 세계 5대 건강식품 중 하나로 선정한 렌틸콩에는 단백질과 식이섬유, 철분, 비타민 등이 풍부하게 들어 있어요. 몸에 좋은 렌틸콩을 갈아서 전을 부치면 아이주도이유식 요리로 활용할 수 있어요.

### 재료

○ 렌틸콩 1/2컵(100g)
○ (과정 1) 물 1컵(250mL)
○ (과정 3) 물 1/4컵(60mL)
○ 파프리카 40g
○ 양파 40g
○ 밀가루 3큰술(30g)
○ 식용유 약간

1  렌틸콩은 씻어 냄비에 넣고 물 1컵을 부은 다음 중불로 15분간 끓인다.
   tip 콩을 삶은 후 체에 밭쳐 삶은 물은 버려주세요.
2  파프리카와 양파는 곱게 다진다.
3  믹서에 1의 렌틸콩과 물 1/4컵을 넣고 간다.
   tip 너무 곱게 갈지 않아도 괜찮아요.
4  2와 3, 밀가루를 섞어 반죽을 만든다.
5  프라이팬에 식용유를 약간 두른 뒤 4의 반죽을 조금씩 떠서 앞뒤로 노릇하게 익힌다.

아이주도이유식 후기 레시피

# 미트볼

## 철분 보충

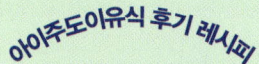

단백질과 철분 섭취에 좋은 소고기는 만 6개월이 넘으면 매일 먹여야 하지만 아이주도이유식을 하면 고기를 먹기가 쉽지 않아요. 소고기나 닭고기를 삶아서 주면 육즙은 섭취할 수 있지만 삼키기도, 소화시키기도 힘들기 때문입니다. 그럴 땐 소고기로 미트볼을 만들어주면 아이가 좀 더 쉽게 먹을 수 있어요. 여기에 홈메이드 토마토소스를 곁들여 스파게티와 함께 주면 미트볼스파게티가 완성됩니다.

### 재료

- 간 소고기 300g
- 양파 1/3개(35g)
- 달걀 1개
- 빵가루 50g
- 모유(또는 분유물) 1/2컵(60mL)
- 다진 마늘 2작은술
- 말린 허브 약간

● 파스타를 같이 줄 경우, 면을 15분 정도 푹 삶아 심이 없이 흐물흐물하게 만듭니다.

● 어린이 케첩 (268쪽) 활용
가족이 함께 먹기에 충분한 양입니다. 아이 몫을 덜어두고 가족 식사로 활용해보세요.

● 아이가 먹을 요리만 만들 경우, 재료의 양을 1/3로 줄여도 좋습니다.

1  양파는 잘게 다지고 달걀은 풀어둔다.
   tip 달걀은 노른자만 사용해도 좋아요.

2  큰 볼에 1과 소고기, 모유(또는 분유물), 빵가루, 다진 마늘을 넣고 섞는다.

3  2에 파슬리, 로즈메리, 바질, 타임 등의 말린 허브를 조금씩 넣고 섞는다.
   tip 말린 허브는 종류 상관없이 집에 있는 것을 사용하면 됩니다.

4  3의 반죽을 동그란 모양으로 빚는다.
   에어프라이어 180℃에서 10분간 굽는다. 이때 아랫면이 노릇하게 구워지지 않았다면 뒤집어서 2분 간격으로 시간을 추가하며 조금 더 굽는다.
   오븐 팬에 종이 포일을 깔고 올려 230℃로 예열한 오븐에 10분간 굽는다.

### 응용 레시피

과정 3까지 만든 뒤 아이용은 덜어두고 반죽에 파르메산치즈 가루 1/4컵, 소금 1/2작은술, 후추 1작은술을 넣고 빚으면 어른용 미트볼이 됩니다. 여기에 토마토소스를 곁들이면 훌륭한 미트볼스파게티가 됩니다.

아이주도이유식 후기 레시피

# 버섯애호박전

**칼륨·엽산 풍부, 소화 기능 개선**

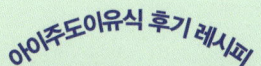

아이주도이유식을 하면서 삶은 채소를 줄 때 아이가 먹기 힘들어하는 재료 중 하나가 버섯이에요. 아직 이가 많이 나지 않은 아이가 먹기엔 버섯이 질기기 때문인데, 잘게 다져서 전으로 만들어주면 먹기 쉬워요. 양송이버섯은 채소와 과일류의 무기질과 육류의 단백질을 고루 갖추고 있고, 버섯 중 단백질 함량이 가장 뛰어나 고기를 삼키기 어려운 아이들이 먹으면 좋아요.

**재료**

- 양송이버섯 2개
- 애호박 5cm 크기 한 토막(65g)
- 부침가루 1/4컵(30g)
- 물 1/4컵(60mL)
- 달걀노른자 1개
- 식용유 약간

**응용 레시피**

소금을 조금 추가하면 나중에 유아식을 하며 아이 반찬으로 활용할 수 있고 엄마, 아빠에게도 훌륭한 반찬이 돼요.

1. 애호박은 껍질을 벗기고 잘게 다진다.
2. 양송이버섯은 기둥을 제거하고 잘게 다진다.
3. 달걀은 노른자를 분리한다.
4. 볼에 1과 2, 달걀노른자, 물, 부침가루를 넣고 섞는다.
5. 팬에 식용유를 한 방울 두른 뒤 키친타월로 닦아낸다.
   *tip* 식용유는 포도씨유, 올리브유 등 어떤 것을 사용해도 좋아요.
6. 약한 불에서 전을 부친다.
   *tip* 부침가루는 시중에서 파는 일반 부침가루, 아이용 부침가루 모두 사용 가능합니다.

아주도이유식 후기 레시피

# 브로콜리키시

**철분·단백질 섭취**

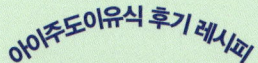

키시는 프랑스의 가정식으로 달걀이 주재료인 요리입니다. 달걀과 각종 채소, 베이컨 등을 섞어 만드는데, 밀가루로 크러스트가 될 부분을 바깥쪽에 깔고 그 안에 달걀과 채소 혼합물을 부어 익히는 방식이 대표적인 조리법이에요. 크러스트 없이 달걀과 채소만 이용하고 플레인 요구르트를 더해 아이가 조금 더 먹기 편한 키시를 만들어봤어요. 부모님의 아침 식사 대용으로도 훌륭해요.

### 재료

- 브로콜리 꽃송이 부분 1/4컵(55g)
- 플레인요구르트 1/4큰술(80g)
- 달걀 3개
- 다진 마늘 1/4작은술
- 어린이 치즈 2장
- 무염 버터 1큰술(코팅용)

### 응용 레시피

- 소금과 후추 간을 하고 파르메산치즈 가루 3큰술을 더하면 어른용 키시를 만들 수 있어요.

- **시금치키시**
  채소는 아이가 좋아하는 것으로 변경해도 좋아요. 시금치키시도 맛있습니다.

- **프라이팬 이용**
  1 중약불로 달군 프라이팬에 무염 버터 1큰술을 녹여 코팅한 후 4의 브로콜리 키시 반죽을 붓는다.
  2 뚜껑을 덮은 후 약불로 줄이고 키시가 완전히 익을 때까지 천천히 익힌다.

1 브로콜리는 끓는 물에 1분간 데친 다음 잘게 다진다.

2 치즈는 잘게 썬다.
  *tip* 오븐에 굽는 동안 녹기 때문에 크기는 상관없지만 작게 자르는 게 좋아요.

3 큰 볼에 달걀, 플레인요구르트, 다진 마늘, 2의 치즈를 넣고 섞는다.
  *tip* 달걀은 노른자만 사용해도 좋습니다.

4 3에 1의 브로콜리를 넣고 섞는다.

5 오븐 용기를 무염 버터로 코팅한 뒤 4의 반죽을 넣고 200℃로 예열한 오븐에 30분간 굽는다.
  *tip* 이쑤시개로 찔러보아 반죽이 묻어나오면 5분 더 구워주세요.

아이주도이유식 후기 레시피

# 브로콜리토츠

**철분·비타민C 풍부**

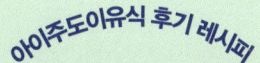

'테이터 토츠Tater tots'는 보통 감자를 갈아서 아이들이 먹기 좋은 크기의 네모 모양으로 튀겨 만든 간식입니다. 감자 대신 브로콜리를 이용해보세요. 재료가 간단하고 오븐이나 에어프라이어에 굽기만 하면 되니 만들기 쉬우며 맛도 있어 아이가 자주 찾는 간식이 될 거예요.

### 재료

- 브로콜리 꽃송이 부분 1/2컵(110g)
- 감자 1/2개(100g)
- 양파 1/3개(35g)
- 빵가루 15g
- 달걀노른자 1개
- 파슬리 가루 조금(생략 가능)

### 응용 레시피

브로콜리 반죽을 따로 덜어서 소금, 후추, 파르메산치즈 가루 1큰술, 다진 마늘 1/2 큰술을 섞어주세요. 이렇게 양념을 추가하면 브로콜리를 싫어하는 유아나 엄마, 아빠의 간식으로도 그만이에요.

1 브로콜리와 감자는 적당한 크기로 썰어 찜기에 찐다.(브로콜리 5분, 감자 10분.)

2 1의 브로콜리는 잘게 다지고 감자는 으깬다.

3 양파는 잘게 다진다.

4 큰 그릇에 2, 3의 재료와 달걀노른자, 빵가루, 파슬리 가루를 넣고 치댄다.
  tip 이때 손으로 반죽하는 것처럼 치대주세요. 그래야 반죽이 잘 뭉쳐요.

5 적당량의 반죽을 떼서 네모 모양으로 만든 다음 에어프라이어에 넣고 180℃에서 10분간 구운 후 뒤집는다. 이때 브로콜리토츠가 익은 정도에 따라 시간을 2~3분씩 추가해 구워준다.

적당량의 반죽을 떼서 네모 모양으로 만든 다음 오븐 팬에 종이 포일을 깔고 올려 200℃로 예열한 오븐에 10분간 굽는다. 10분 후에 꺼내서 뒤집은 다음 다시 10분간 굽는다.

아이주도이유식 후기 레시피
# 블루베리머핀

### 눈 건강, 식이섬유 함유

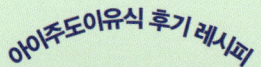

미국 〈타임〉지에서 선정한 10대 슈퍼푸드 중 하나인 블루베리. 아이에게 주고 싶지만 아이가 아직 손가락으로 음식을 집는 것을 어려워할 수 있어요. 그럴 땐 에어프라이어를 이용해 간편하게 블루베리머핀을 만들어보세요. 안토니아신이 풍부해 항산화 능력이 우수하고 식이섬유가 풍부해 장 건강에도 좋아요. 비타민 A가 많아 눈 건강에도 도움이 됩니다.

#### 재료

- 블루베리 1/2컵(80g)
- 밀가루 110g
- 베이킹파우더 1/2작은술
- 시나몬 가루 1/4작은술
- 우유 1/2컵(125mL)
- 버터 2큰술(30g)
- 바닐라 익스트랙 1/4작은술
- 달걀 1개

1. 볼에 밀가루, 베이킹파우더, 시나몬 가루를 섞는다.
2. 다른 볼에 우유, 녹인 버터, 바닐라 익스트랙, 달걀을 섞는다.
3. 블루베리는 거칠게 갈아둔다.
   tip 곱게 갈지 않고 알갱이가 있도록 살짝만 갈아주세요. 믹서를 사용하지 않고 손으로 으깨도 괜찮습니다.
4. 2에 1을 섞는다.
5. 4의 반죽에 3의 갈아둔 블루베리를 섞는다.
6. 실리콘 머핀 틀의 2/3 정도가 차도록 5의 반죽을 부은 뒤 에어프라이어에 넣고 175℃에서 15분간 굽는다.

아이주도이유식 후기 레시피

# 비트쌀국수

**철분·단백질 보충**

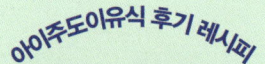

비트에는 만 6개월 이후 아이들에게 부족하기 쉬운 철분이 많이 함유되어 있습니다. 하지만 아이가 먹기엔 딱딱해서 다루기 어려우니 몸에 좋은 비트를 갈아서 소스로 활용해보세요. 두부와 치즈를 더해 비트에 부족하기 쉬운 단백질이 보충되고 고소한 맛이 나는 비트쌀국수를 만들 수 있어요.

### 재료

○ 두부 1/4모(100g)
○ 비트 100g
○ (과정 2) 물 200mL
○ 어린이 치즈 1/2장
○ 쌀국수 50원 동전 크기 한 줌(30g)

1. 비트는 껍질을 벗기고 작게 썬다.
   **tip** 믹서에 갈기 때문에 크기는 별로 중요하지 않아요.
2. 믹서에 두부와 비트, 물을 넣고 간다.
3. 2를 냄비에 넣고 중불에 올려 끓어오르면 약불로 줄여 소스가 조금 걸쭉한 느낌이 나도록 약 3분 정도 졸인다.
4. 브로콜리와 양송이버섯은 끓는 물에 1분간 데친다.
5. 쌀국수는 끓는 물에 넣어 면이 익을 때까지 약 5분간 삶은 뒤 체에 밭쳐 물기를 뺀다.
6. 프라이팬에 3의 소스와 4의 채소, 5의 쌀국수를 넣고 중불에 올려 국수가 끓어오르면 치즈를 넣고 치즈가 녹도록 섞은 뒤 불을 끈다.

### 응용 레시피

비트쌀국수를 만드는 데 필요한 비트의 양은 대략 1/3개 정도입니다. 남은 비트는 무와 섞어 피클을 만들어보세요.

#### 비트무피클

재료: 비트 1+2/3개, 비트와 동량의 무, 물 3컵, 피클링 스파이스 1큰술, 설탕·식초 1컵씩, 소금 1작은술

1. 비트와 무는 껍질을 제거하고 깍두기 모양으로 썬다.
2. 냄비에 물과 설탕, 식초, 소금, 피클링 스파이스를 넣고 중불에 올려 끓어오르기 시작하면 불을 끈다.
3. 소독한 유리병에 비트와 무를 넣고 2의 단촛물을 부은 뒤 식으면 냉장 보관한다. 이틀 후부터 먹을 수 있다.
4. 피클링 스파이스는 피클의 향을 살려주지만 없으면 넣지 않아도 된다.

아이주도이유식 후기 레시피

# 사과머핀

**비타민 C · 식이섬유 풍부**

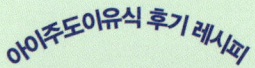

사과는 이유식 초기부터 먹일 수 있는 과일로 식이섬유와 비타민 C가 다량 함유되어 있습니다. 가끔은 사과로 머핀을 만들어 색다른 맛을 느끼게 해주세요. 밀가루는 쌀가루로 대체하고 버터는 홈메이드 무염 버터를 이용하면 더 건강한 머핀이 된답니다.

### 재료

- 사과 65g
  사과는 껍질을 벗기고 씨를 제거한 후 다진 무게입니다.
- 밀가루 3/4컵(90g)
- 베이킹파우더 1작은술
- 무염 버터 1큰술
- 레몬즙 1/2큰술
- 모유(또는 분유물) 1/2컵(125mL)
- 선택 재료 : 시나몬 가루 1/2 작은술

● 어린이 버터 266쪽

### 응용 레시피

- 밀가루 대신 쌀가루를 사용해도 좋아요.(머핀의 질감은 조금 달라질 수 있어요.)
- 약간의 소금과 설탕 1/3컵을 더하면 어른 간식으로도 손색없어요. 어른용 머핀에는 씹는 맛이 많이 나도록 사과를 크게 썰어 넣어도 좋아요.

1  사과는 껍질을 벗긴 뒤 씨를 제거하고 잘게 썰어 갈변되지 않도록 레몬즙과 섞어놓는다.

2  볼에 밀가루와 베이킹파우더를 섞는다.

3  모유(또는 분유물)에 무염 버터를 녹여 섞는다.

4  2에 3을 부어 잘 섞는다.

5  4에 1의 사과를 섞는다.
   tip 시나몬 가루를 섞어도 좋아요.

6  머핀 틀에 유산지 컵을 넣고 5를 부어 200℃로 예열한 오븐에 20분간 굽는다.
   tip 20분 후 이쑤시개나 젓가락으로 찔러보아 반죽이 묻어나오면 5분간 더 구워주세요. 머핀 틀이 없을 경우 식빵 틀을 이용해 크게 만든 뒤 잘라 먹어도 좋고 오븐 용기에 구워도 좋아요.

아이주도이유식 후기 레시피

# 삼색주먹밥

**어른 음식에 관심을 보일 때**

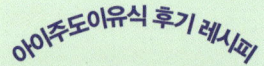

아이가 만 10개월이 넘어가면 점점 더 어른 음식에 관심을 보이기 시작해요. 특히 죽은 거부하고 맨밥을 먹고 싶어 하는 아이도 있어요. 그럴 때는 영양도 풍부하고 아이도 좋아하는 주먹밥을 만들어보세요. 한입에 쏙 들어가는 크기로 만들면 아이가 집어 먹기도 편하고 보기에도 예뻐 눈도 입도 즐거워진답니다.

### 재료

- 당근 40g
- 브로콜리 꽃송이 부분 1/4컵(55g)
- 달걀노른자 1개
- 진밥 1/2컵
- 깨 1g(또는 한 꼬집)
- 참기름 1/4큰술

### 응용 레시피

- 고구마나 감자, 파프리카 등 아이가 좋아하는 채소를 잘게 다져 넣고 주먹밥을 만들어도 좋아요.
- 살짝 소금 간을 한 다음 김가루와 섞으면 유아식으로도 활용할 수 있어요.

*1*  당근과 브로콜리는 빨리 익도록 작게 썰어 찜기에 10분간 찐다.

*2*  달걀은 끓는 물에 10분 이상 삶아 완전히 익힌 다음 노른자만 분리해 체에 내리거나 으깬다.

*3*  1의 당근과 브로콜리는 잘게 다진다. 당근, 브로콜리, 2의 으깬 달걀을 각각 다른 볼에 담는다.

*4*  진밥을 3등분해 3의 당근, 브로콜리, 달걀노른자와 각각 섞은 뒤 깨와 참기름을 넣고 아이가 먹기 좋은 크기로 주먹밥을 만든다.

아이주도이유식 후기 레시피

# 새우채소완자

**칼슘·타우린 풍부, 성장 발육에 도움**

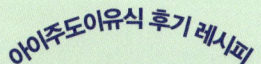

칼슘과 타우린이 풍부해 고혈압 예방과 성장 발육에 도움을 주는 새우와 채소를 섞어 동글동글한 완자를 만들어보세요. 새우의 감칠맛이 나고 쫀득쫀득해 아이들이 좋아해요.

### 재료

○ 새우 70g
○ 브로콜리 꽃송이 부분 35g
○ 양파 1/4개(30g)
○ 당근 20g
○ 찹쌀가루 2큰술

● 생새우를 사용할 때는 새우 등의 두 번째 마디에 이쑤시개를 넣어 내장을 빼주세요.

● 시중에서 이유식으로 파는 다진 새우를 사용할 때는 데치지 않아도 돼요. 다진 새우는 40g을 사용하세요.

1 새우는 끓는 물에 삶아 다지고 브로콜리, 양파, 당근은 잘게 썬다.
tip 믹서에 갈기 때문에 크기는 중요하지 않아요.

2 1의 새우와 채소를 믹서에 넣고 간 다음 찹쌀가루 2큰술과 섞는다.

3 2의 반죽을 아이가 먹기 좋은 크기로 동그랗게 빚는다.

4 3의 반죽을 에어프라이어에 넣은 뒤 180℃에서 5분간 굽는다.

### 응용 레시피

⊙ 새우에 부족한 비타민 A와 C를 보충할 수 있는 아욱을 다져 넣어도 좋아요. 남은 아욱은 새우아욱국을 끓여 활용할 수 있어요.

⊙ 새우튀김볼
새우완자를 만들어 밀가루 → 달걀물 → 빵가루 순으로 옷을 입혀서 튀기면 새우튀김볼이 완성됩니다. 유아나 어른 간식으로 활용할 수 있어요.

아이주도이유식 후기 레시피

# 소고기애호박전

### 소염 효과, 체력 보강

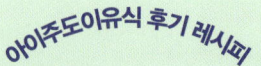

애호박은 섬유소와 비타민, 미네랄이 풍부한 채소로 다진 소고기와 함께 먹으면 애호박에 부족한 단백질도 보충하고 더 맛있게 즐길 수 있어요.

### 재료

- 애호박 80g
- 간 소고기 50g
- 달걀 1개
- 밀가루 2큰술

● 애호박 안에 넣는 소고기의 양은 애호박 크기에 따라 달라지므로 참고하세요.

### 응용 레시피

⊙ 소고기가지찜 반죽에 소금과 후추를 더하고 쪄서 간장을 곁들이면 어른용 반찬이 됩니다.

1  애호박은 깨끗하게 씻어 1cm 두께로 썬 다음 숟가락을 이용해 가운데 속을 긁어낸다.

2  달걀은 잘 풀어둔다.

3  간 소고기에 달걀물 1큰술, 밀가루 1작은술을 넣고 치댄다.

4  1의 호박에 3을 넣는다.

5  4에 밀가루를 묻힌다.

6  5를 달걀물에 적신 뒤 약불에서 앞뒤로 3~5분씩 노릇해지도록 굽는다.

아이주도이유식 후기 레시피

# 소고기밥전

## 단백질·철분 섭취

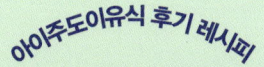

이유식 후기에 아이가 밥에 관심을 보이기 시작하면 주기 좋은 요리예요. 채소뿐만 아니라 성장기 아이의 발육 촉진에 도움을 주는 소고기도 들어가 단백질과 철분도 섭취할 수 있어요. 홈메이드 케첩을 찍어 먹어도 맛있어요.

### 재료

- 간 소고기 50g
- 다진 양파 1큰술
- 브로콜리 꽃송이 다진 것 2큰술
- 당근 10g
- 달걀노른자 1개
- 밥 1/2컵
- 식용유 약간

### 응용 레시피

- 소고기 대신 닭고기를 다지거나 갈아 넣어도 좋아요.
- 소금, 후추 간을 하거나 일반 케첩을 곁들이면 어른용 밥전이 돼요.

1. 양파, 브로콜리, 당근은 잘게 다지고 달걀은 노른자만 분리한다.
2. 중불로 달군 프라이팬에 식용유를 살짝 두르고 다진 양파를 넣어 투명해질 때까지 볶은 다음 소고기를 넣어 핏기가 사라질 때까지 약 2분간 더 볶는다.
3. 2에 1의 브로콜리와 당근을 넣고 약 2분간 더 볶는다.
4. 볼에 2와 3, 밥, 달걀노른자를 넣고 섞어 아이가 먹기 좋은 크기로 동그랗게 빚는다.
5. 달군 프라이팬에 4를 올리고 약불에서 익힌다.
   - tip 처음부터 전 모양을 만들기 위해 눌러 익히면 밥알이 분리되므로 처음에는 동그란 모양으로 익혀주세요.
6. 어느 정도 익으면 숟가락으로 살짝 눌러 전 모양을 만든다.

아이주도이유식 후기 레시피

# 소고기브로콜리콩나물무른밥 / 양배추당근콩나물무른밥

### 철분 섭취, 무기질·식물성 단백질 보충

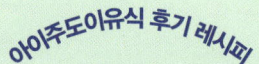

이유식 후기로 넘어가면서 죽을 먹일 경우에는 무른 밥을 주면 됩니다. 이유식 중기까지와는 달리 쌀을 불려서 갈지 않고 바로 밥을 지으면 되니까 한결 수월해요. 콩나물은 비타민 C와 무기질이 다량 함유되어 이유식에 쓰기 좋은 재료입니다. 소고기와 함께 먹으면 소화를 돕고, 식물성 단백질이 풍부한 양배추와 함께 먹으면 콩나물에 부족한 영양을 보충할 수 있어요.

## 재료

**소고기브로콜리콩나물무른밥**
- 다진 소고기 40g
- 브로콜리 꽃송이 부분 1/4컵(55g)
- 다진 콩나물 1/4컵(25g)
- 쌀 90g
- (과정 3) 물 150mL

**양배추당근콩나물무른밥**
- 다진 양배추·당근·콩나물 1/4컵씩(25g)
- 쌀 90g
- (과정 3) 물 150mL

### 응용 레시피

**소고기버섯양파무른밥**

양파는 비타민의 흡수를 돕고 혈액을 깨끗하게 해주는 역할을 합니다. 양파 맛이 강해 이유식 재료로 쓰는 걸 꺼렸다면 철분을 보충할 수 있는 소고기, 버섯과 함께 무른 밥을 지어 먹이세요. 무른 밥은 쌀과 물의 양을 1:5 비율로 지으면 됩니다.

### 소고기브로콜리콩나물무른밥

1. 쌀은 씻어 물에 30분 이상 불린다.
2. 브로콜리는 잘게 다지고, 콩나물은 대가리와 꼬리 부분을 제거하고 5mm 크기로 썬다.
3. 냄비에 모든 재료를 넣고 중불에 올려 죽이 끓어오르면 약불로 줄인 뒤 쌀알이 푹 퍼질 때까지 10분 이상 끓인다.

### 양배추당근콩나물무른밥

1. 쌀은 씻어 물에 30분 이상 불린다.
2. 양배추와 당근은 5mm 크기로 썰고, 콩나물은 대가리와 꼬리 부분을 제거하고 5mm 크기로 썬다.
3. 냄비에 모든 재료를 넣고 중불에 올려 죽이 끓어오르면 약불로 줄인 뒤 쌀알이 푹 퍼질 때까지 10분 이상 끓인다.

아이주도이유식 후기 레시피

# 소고기파전

**비타민 B₁의 체내 흡수율 높임**

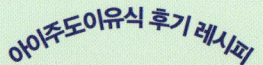

파는 비타민 A와 C는 물론 철분 등의 무기질도 함유하고 있어요. 푸른 부분에는 비타민 A, 하얀 부분에는 비타민 C가 풍부하지요. 또한 파에 있는 알린이라는 매운 성분은 비타민 B₁의 체내 흡수율을 높여주기 때문에 소고기와 함께 먹으면 좋아요. 파는 몸에 좋은 채소지만 그냥 먹기엔 향이 강해 아이가 먹기 힘들 수 있으니 소고기와 다른 채소를 섞어 전으로 만들어주세요.

### 재료

- 간 소고기 50g
- 쪽파 1/2뿌리
- 양파 20g
- 당근 30g
- 부침가루 1/4컵(30g)
- 물 100mL
- 식용유 약간

### 응용 레시피

반죽에 소금 간을 하고 먹을 때 간장을 곁들이면 어른도 맛있게 먹을 수 있어요.

*1* 양파와 당근은 5mm 크기로 썰고 쪽파는 1cm 길이로 썬다.

*2* 소고기는 중불로 달군 팬에 볶는다.

*3* 볼에 모든 재료를 넣고 섞은 뒤 식용유를 두른 프라이팬에 한 숟가락씩 올려 앞뒤로 노릇하게 익힌다.

아이주도이유식 후기 레시피

# 시금치파스타

### 엽산·칼륨·철 등 풍부

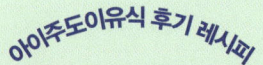

먹고 나면 힘이 불끈, 뽀빠이가 즐겨 먹은 시금치를 이용해 아이용 파스타를 만들어보세요. 시금치는 채소 중 비타민 C가 가장 풍부하고 비타민 A와 B, 엽산, 단백질, 칼슘, 철 등의 영양소도 듬뿍 들어 있답니다. 그러나 시금치는 시간이 지날수록 영양소가 빠르게 감소하는 약점이 있으므로 신선할 때 빨리 먹는 것이 좋아요.

### 재료

- 양송이버섯 3개
- 양파 1/4개(30g)
- 시금치 한 줌(30g)
- 생크림 1/3컵(80mL)
- 푸실리 파스타 1/3컵
- 무염 버터 1큰술

1 양송이버섯은 3~5mm 두께로 썰고, 양파는 5mm 크기로 썬다.

2 시금치는 끓는 물에 30초간 데쳐 믹서에 간다.

3 프라이팬에 무염 버터를 녹인 뒤 양파를 넣어 양파가 투명해질 때까지 볶는다.

4 3에 1의 버섯을 넣고 버섯의 숨이 죽을 때까지 볶은 다음 2의 시금치를 넣고 섞는다.

5 4에 생크림을 넣고 소스가 끓어오르기 시작하면 약불로 줄인 뒤 3분간 더 끓인다.

6 파스타를 15분 정도 삶아 흐물흐물해지면 소스와 섞는다.

### 응용 레시피

- 시금치파스타에 들어가는 버섯, 양파, 시금치의 양을 늘리고 생크림을 파스타의 양에 맞춰 넣은 다음 마지막에 소금과 후추로 간하면 어른의 한 끼 식사로도 훌륭해요.
- 파스타는 쌀국수나 소면 등으로 대체 가능합니다.

아이주도이유식 후기 레시피

# 시금치프리타타

**간편하게 만드는 든든한 식사**

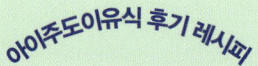

프리타타는 달걀과 채소, 고기, 치즈 등을 섞어 만드는 이탈리아식 오믈렛이에요. 시금치는 쩌서 주면 아이가 먹기 힘들지만 오믈렛이나 전 등에 넣어 조리하면 조금 더 편하게 먹을 수 있어요. 프리타타에 들어가는 재료는 아이가 좋아하는 채소로 변경하거나 더해도 좋아요. 또한 치즈나 간을 조금 추가하면 어른용 아침 식사로도 든든하답니다.

### 재료

○ 감자 70g
○ 양파 1/3개(35g)
○ 방울토마토 5개
○ 시금치 한 줌(30g)
○ 달걀 1개
○ 모유(또는 분유물) 1/4컵(60mL)
○ 식용유 약간

● 달걀흰자 알레르기 때문에 달걀노른자만 사용한다면 2개를 준비합니다.

### 응용 레시피

◉ 양파를 볶을 때 소시지를 추가하고 달걀물에 파르메산치즈 3큰술, 소금, 후추를 더하면 어른용 프리타타가 돼요. 이때 뚜껑을 덮어 익히기 전에 체더치즈를 올리면 더 맛있습니다. 두께가 있는 프리타타를 만들고 싶다면 달걀을 더 넣으세요.

*1* 양파는 채 썰고 방울토마토는 반으로 썬다. 감자는 껍질을 벗기고 1mm 두께 또는 최대한 얇게 썬다.

*2* 볼에 달걀과 모유(또는 분유물)를 넣고 섞는다.

*3* 중불로 달군 팬에 식용유를 조금 두르고 채 썬 양파를 넣어 양파가 투명해질 때까지 볶는다.

*4* 3에 감자를 넣고 1분간 볶는다.

*5* 4에 시금치를 올리고 그 위에 2의 달걀물을 붓는다.

*6* 5에 토마토를 올리고 약불로 줄인 뒤 뚜껑을 덮고 천천히 익힌다.
  tip 이때 치즈를 썰어 올려도 좋아요.

아이주도이유식 후기 레시피

# 아스파라거스달걀말이

**눈 건강 지킴이, 변비 개선**

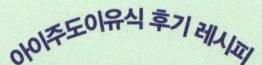

아스파라거스는 줄기채소지만 뿌리채소의 영양 성분도 풍부합니다. 베타카로틴, 비타민 $B_1$·$B_2$는 물론 칼슘, 철 등의 무기질도 다량으로 함유하고 있지요. 아스파라거스 특유의 향은 아스파라젠산이 분해하면서 발생되는데, 이 물질이 대사와 단백질 합성을 촉진해 단백질이 풍부한 달걀과 함께 먹으면 단백질의 흡수를 더 효과적으로 도와줍니다.

### 재료

- 아스파라거스 2대
- 달걀노른자 2개
- 모유(또는 분유물) 1/4컵(60mL)
- 어린이 치즈 1/2장
- 식용유 약간

### 응용 레시피

- 소금, 후추 또는 케첩을 추가하면 유아나 어른 반찬으로 활용하기 좋아요.
- 요리를 만들고 남은 아스파라거스는 쪄서 아이주도이유식에 활용하세요.
- 아이주도이유식에 사용하고 남은 아스파라거스는 처치 곤란인 경우가 많을 거예요. 남은 아스파라거스는 소금, 후추로 간한 뒤 200℃로 예열한 오븐에 10분간 굽거나 에어프라이어에 7~10분 구워 먹어도 좋아요.
- 프로슈토나 베이컨으로 아스파라거스를 돌돌 만 다음 후추를 뿌리고 200℃로 예열한 오븐에 15~20분간 구우면 맛있는 아스파라거스베이컨말이가 됩니다.

1 아스파라거스는 찜기에 5분간 찐다.

2 찐 아스파라거스는 0.5mm~1cm 간격으로 썬다.

3 치즈는 잘게 자르고 달걀은 노른자만 준비한다.

4 달걀노른자, 아스파라거스, 모유(또는 분유물)를 모두 섞는다.

5 팬에 식용유를 약간 두르고 키친타월로 닦아낸 다음 4의 달걀물을 붓고 약불로 천천히 익힌다.

> **tip** 코팅이 잘된 팬은 오일을 생략해도 돼요. 그리고 모유(또는 분유물)와 섞였기 때문에 단단하지 않아 모양이 나오지 않고 스크램블드에그 형태가 될 수 있어요. 모양을 단단하고 예쁘게 만들고 싶다면 모유(또는 분유물)는 생략하고 달걀노른자의 양을 3개나 4개로 늘려주세요.

6 치즈 1/2장을 올린 뒤 치즈가 어느 정도 녹으면 끝 쪽부터 뒤집개를 이용해서 말아준다.

아이주도이유식 후기 레시피

# 아보카도치즈퀘사디아

**비타민 B · 비타민 C · 미네랄 풍부**

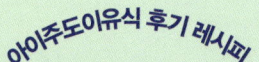

토르티아 2장으로 간편하게 퀘사디아를 만들어 볼까요? 평소에 자주 접하는 음식이 아니어서 아이도 호기심을 갖고 토르티아가 재료를 감싸주니 먹기도 편합니다. (혹시 피자 모양 퀘사디아가 너무 커서 먹기 힘들어하면 가위를 이용해 아이가 먹기 좋은 크기로 잘라주세요.) 아보카도는 영양소가 풍부해서 뇌와 신체 발달에도 좋아요.

### 재료

- 아보카도 1개
  (껍질과 씨를 제거한 무게 130g)
- 어린이 치즈 60g
- 토르티아 2장

### 응용 레시피

- 프라이팬, 오븐, 에어프라이어를 이용해도 조리가 가능해요.
- 프라이팬에 조리할 때는 버터를 조금 두른 뒤 약한 불에서 토르티아가 노릇해질 때까지 구워주면 됩니다. 오븐은 180℃에서 5분 구운 뒤 치즈가 다 녹지 않았다면 시간을 2~3분 더 추가해 줍니다. 에어프라이어는 180℃에서 5분간 구워줍니다.

*1* 아보카도는 껍질을 벗기고 씨를 발라낸 뒤 으깨고 치즈는 잘게 자른다.
  *tip* 겉이 진초록색이나 갈색을 띠며 만졌을 때 말랑말랑한 아보카도를 사용해야 잘 으깨져요.

*2* 토르티아 한 장 위에 으깬 아보카도를 펴 바른다.

*3* 2에 잘게 자른 치즈를 골고루 뿌린다.

*4* 3에 나머지 한 장의 토르티아를 덮은 뒤 전자레인지에 1분 20초간 치즈가 녹을 때까지 돌린다.
  *tip* 전자레인지 사양에 따라 조리 시간이 달라질 수 있으므로 30초를 먼저 돌린 뒤 30초, 20초씩 추가해주세요.

아이주도이유식 후기 레시피

# 어린이식빵

**부드러운 간식이 필요할 때**

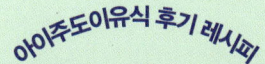

생후 8개월이 넘은 아이라면 밀가루식빵을 시도해볼 수 있습니다. 이스트가 부풀도록 돕는 소금과 설탕이 들어가지 않아 일반 식빵과는 맛이 조금 다르지만 쌀가루식빵보다는 부드러워요. 다만 보존제가 들어가지 않아 금방 곰팡이가 필 수 있으므로 실온에 두면 2~3일, 냉장고에 둔다면 일주일 안에 먹어야 해요.

### 재료

- 밀가루 1+1/2컵(180g)
- 따뜻한 물·모유(또는 분유물) 1/4컵씩(60mL)
- 무염 버터 2/3큰술(10g)
- 드라이 이스트 2/3 작은술

● 밀가루가 들어간 음식을 먹이기 전에 밀가루 알레르기 테스트를 해보는 게 좋아요. 죽이유식이나 다른 음식을 만들 때 밀가루를 한 꼬집 정도 넣어 이상 반응을 확인한 뒤 괜찮으면 밀가루식빵을 줍니다.

### 응용 레시피

설탕 1/3큰술과 소금 1/4큰술을 더하면 어른이 먹어도 맛있는 식빵이 돼요.

**1** 볼에 따뜻한 물을 담고 드라이 이스트, 따뜻한 모유(또는 분유물), 녹인 버터를 넣고 섞는다.
> tip 버터를 실온에 보관했는지 냉장고에 보관했는지에 따라 시간이 다르지만, 버터는 전자레인지에 10~20초간 돌려서 녹여주세요.

**2** 1에 밀가루를 넣어 섞고 10~15분간 손으로 치댄다.
> tip 이때 손에 밀가루를 조금씩 묻혀가며 치대면 손에 반죽이 달라붙지 않아요.

**3** 2의 반죽을 동그랗게 뭉쳐 랩을 씌운 다음 따뜻한 곳에서 1시간가량 발효시킨다.
> tip 반죽을 발효시킬 곳이 없다면 컵에 물을 담아 전자레인지에 2분간 돌려주세요. 그 컵과 반죽을 담은 용기를 전자레인지 안에 함께 넣어두면 발효가 잘됩니다.

**4** 3의 반죽이 2배 정도 부풀면 반죽을 2등분해 밀가루를 뿌린 도마 위에 놓고 밀대로 민다.
> tip 반죽 위에도 밀가루를 살짝 뿌려주면 반죽이 밀대에 달라붙어 찢어지는 걸 방지할 수 있어요.

**5** 4의 반죽 양끝을 가운데로 접는다.

**6** 5의 접은 반죽을 끝에서부터 돌돌 만다.

**7** 6의 반죽을 식빵 틀 안에 넣고 랩을 씌운 뒤 따뜻한 곳에서 1시간 30분간 발효시킨다.
> tip 반죽이 부풀어 랩에 닿으면 랩을 분리할 때 반죽이 가라앉을 수 있어요. 반죽을 30분 간격으로 체크하며 반죽이 랩에 닿는지 확인해주세요. 이때 반죽이 빵틀 끝까지 다 부풀지 않았어도 랩에 닿을 것 같은 경우 발효를 멈추고 식빵을 구워도 좋아요.

**8** 7을 200℃로 예열한 오븐에 20분간 굽는다.

아이주도이유식 후기 레시피

# 연어케이크

**비타민 D 풍부, 칼슘 흡수 도움**

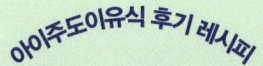

아이주도이유식을 하면서 먹이기 힘든 재료 중 하나가 생선이에요. 그냥 찌거나 구우면 잘 부서져서 아이 혼자 먹기 힘드니 전 형태로 만들어주세요. 생선 중에서도 연어는 특히 비타민 D가 풍부해 칼슘이 몸에 흡수되는 것을 도와주기 때문에 성장기 아이에게 좋아요.

### 재료

○ 연어 200g
○ 파 잎 부분 1/3대
○ 달걀 1개
○ 빵가루 1/2컵(40g)
○ 식용유 1큰술

● 파는 쪽파로 대체 가능해요. 쪽파일 경우 파란 부분으로 1뿌리가 필요합니다.

● 빵가루는 시판 빵가루나 직접 만든 쌀가루식빵을 믹서에 갈아서 사용해도 좋아요.

● 달걀은 노른자만 사용해도 좋아요.

● 코팅이 잘된 프라이팬은 식용유를 생략하고 구워도 좋아요.

● 가족이 함께 먹기에 충분한 양입니다. 아이 몫을 덜어두고 가족 식사로 활용해 보세요.

*1* 연어와 파는 잘게 썬다.

*2* 볼에 연어, 파, 빵가루, 달걀을 넣고 섞는다.

*3* 팬에 식용유를 두르고 키친타월로 닦아낸 다음 반죽을 적당히 떠서 올리고 노릇하게 굽는다.

### 응용 레시피

반죽에 소금과 후추 간을 추가하면 어른용 밥반찬으로도 훌륭합니다.

아이주도이유식 후기 레시피

# 옥수수빵

**장 운동 촉진**

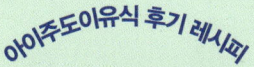

옥수수는 식이섬유가 풍부해 배변의 양을 늘리고 장 통과 속도를 빠르게 해줍니다. 옥수수빵은 아이의 장 운동을 활발하게 해줄 뿐만 아니라 옥수수가루와 옥수수 알을 같이 넣어 일반 빵보다 고소하답니다. 옥수수에 부족한 필수 아미노산인 니아신과 비타민 A와 B를 우유가 보충해주므로 우유와 함께 간식으로 주면 좋아요.

### 재료

- 밀가루 1/2컵(60g)
- 옥수수가루 1/3컵(40g)
- 달걀 1개
- 버터 4큰술(60g)
- 베이킹파우더 1g 또는 한 꼬집
- 옥수수 알 1/4컵(40g)
- 우유 3큰술

● 20분 후 이쑤시개로 찔러보아 반죽이 묻어나오면 5분간 더 구워주세요.

● 주먹 크기로 만들어 잘라줘도 좋고 아이가 먹기 좋은 크기의 볼 모양이나 스틱 모양으로 만들어도 좋아요.

### 응용 레시피

- 밀가루는 쌀가루로 대체 가능하나 식감이나 빵의 부풀기가 조금 달라질 수 있어요.
- 설탕 1/4컵과 소금을 조금 더하면 어른용 옥수수빵이 돼요.

1  버터는 전자레인지에 10초 정도 돌려 녹인 뒤 달걀과 잘 섞는다.
   *tip* 달걀노른자만 사용해도 됩니다.

2  큰 볼에 1을 넣고 밀가루, 옥수수, 베이킹파우더를 체에 내려 섞는다.

3  옥수수는 끓는 물에 20분간 삶아 알만 발라낸 뒤 우유와 함께 2에 넣는다.
   *tip* 통조림 옥수수는 찬물에 헹궈서 사용하세요.

4  3의 반죽을 적당한 크기로 떼서 럭비공 모양으로 만든 다음 가운데 부분에 칼집을 넣는다. 180℃로 예열한 오븐에 20~25분 굽는다.

아주도이유식 후기 레시피

# 요구르트스콘

**첨가물 걱정 없는 간식**

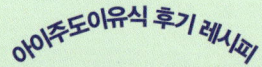

설탕이나 소금이 들어가지 않은 요구르트스콘을 만들어보세요. 시중에서 파는 빵이나 스콘 종류는 모두 설탕이 많이 들어가는데, 플레인요구르트로 담백한 맛을 내서 만들면 안전해요. 아주도이유식뿐만 아니라 유아의 간식으로도 좋은 메뉴랍니다.

### 재료

- 밀가루(또는 쌀가루) 160g
- 베이킹 소다 1g 또는 한 꼬집
- 베이킹파우더 1/2작은술
- 달걀노른자 1개
- 무염 버터 3큰술
- 플레인요구르트 4큰술(80g)

### 응용 레시피

아이용 반죽을 덜어놓고 설탕 4큰술을 섞으면 맛있는 어른용 스콘이 완성돼요.

1 밀가루(또는 쌀가루)에 베이킹 소다와 베이킹파우더를 섞는다.

2 1에 달걀노른자, 무염 버터, 플레인요구르트를 넣고 잘 섞는다.

> tip 이때 버터를 녹여서 섞으면 촉촉한 느낌의 스콘이 되고 냉장한 버터를 강판에 갈아서 섞으면 거친 느낌의 스콘이 돼요.

3 손으로 반죽이 손에 들러붙지 않을 때까지 치댄다.

4 3의 반죽을 1cm 두께의 둥근 모양으로 만들어 4등분 또는 8등분한다. 200℃로 예열한 오븐에 15분간 굽는다.

> tip 칼은 반죽이 달라붙을 수 있으므로 플라스틱 재질의 피자 커터나 밥주걱을 사용합니다. 도마 위에 놓고 반죽을 자를 때는 도마에 밀가루를 조금 뿌리면 달라붙지 않아요.

아이주도이유식 후기 레시피

# 치킨핑거

### 두뇌 성장 촉진

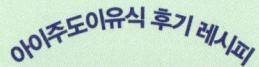

닭 가슴살을 기름을 쓰지 않고 오븐에 구워 치킨핑거를 만들어보세요. 닭고기는 다른 육류에 비해 두뇌 성장을 돕는 단백질이 풍부하고 소화 흡수가 잘돼 아이들에게 훌륭한 음식입니다. 치킨핑거는 빵가루를 입혀 조금 바삭할 수 있으므로 가능하면 아이주도이유식 후기의 마지막 단계에 주는 게 좋아요. 케첩이나 다른 소스를 곁들이면 어른용 간식이나 유아 반찬으로도 활용 가능합니다.

### 재료

- 닭 가슴살 1쪽(110g)
- 밀가루 1/4컵(30g)
- 빵가루 1/3컵 (30g)
- 달걀노른자 2개
- 식용유(식물성 기름) 2큰술

● 빵과 말린 허브를 직접 갈아서 만든 홈메이드 빵가루를 사용하면 더 맛있어요.

### 응용 레시피

- 밀가루 옷을 입힐 때 밀가루에 마늘가루 1큰술, 소금과 후추 1작은술씩을 섞어 간하면 어른 입맛에 잘 맞아요.
- 오븐 대신 약불로 달군 프라이팬에 식용유 2큰술을 두르고 2의 닭가슴살을 익힐 수 있습니다. 기름을 많이 사용하지 않아 탈 수 있으므로 약한 불에서 천천히 익혀주세요.

1. 닭 가슴살은 아이가 쥐기 좋은 크기로 썬다.
   *tip* 모양은 일정하지 않아도 좋아요.
2. 1에 밀가루 → 달걀물 → 빵가루 순으로 옷을 입힌다.
3. 에어프라이에 2를 넣은 뒤 식용유 1큰술을 적당히 뿌린다. 180℃로 10분간 구운 뒤 뒤집어서 식용유 1큰술을 다시 뿌리고 5분 추가해서 굽는다.
   *tip* 시중에서 파는 스프레이 형태의 오일을 사용하면 편해요.

   2를 200℃로 예열한 오븐에 25분간 굽는다.

아주도이유식 후기 레시피

# 콩국수

**변비 해소**

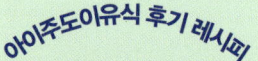

대두라고 불리는 메주콩에는 다양한 영양 성분이 들어 있어요. 메주콩에는 콜레스테롤을 분해하는 레시틴, 지방 세포의 크기를 줄이는 사포닌이 풍부해 비만을 예방하고 장 운동을 활성화시켜 변비에도 효과가 있어요. 콩을 가는 과정이 번거롭긴 하지만 다른 양념을 하지 않아도 고소한 콩국수의 맛을 느낄 수 있고, 소금 간을 더하면 어른도 함께 먹을 수 있어요.

### 재료

- 메주콩 2컵
- 소면 한 줌
- 오이 100g
- 방울토마토 3개
- 물 4컵

● 콩 껍질은 대부분 콩을 익히는 과정에서 제거되지만 남은 껍질은 콩과 함께 갈아도 괜찮아요.

### 응용 레시피

소금 간만 추가하면 어른용 콩국수가 됩니다.

1. 콩은 물에 8시간 이상 불려둔다.
2. 냄비에 불린 콩과 물을 넉넉히 넣고 중불로 올려 끓어오르기 시작하면 약불로 줄여 약 30분간 끓인다. 콩이 다 익으면 찬물로 헹군 뒤 믹서에 물 5컵과 함께 넣어 곱게 간다.
   *tip* 콩이 어느 정도 익으면 껍질과 거품이 떠오르는데 이때 껍질과 거품은 건져내세요. 콩이 익었는지 여부는 먹어보고 확인하세요.
3. 2의 콩을 체에 내려 국물과 건더기를 분리한다.
   *tip* 콩국수 국물을 걸러내고 남은 건더기는 비지찌개 만드는 데 사용할 수 있어요.
4. 오이는 돌려 깎기를 해 채 썰고 방울토마토는 반으로 썬다.
5. 소면은 끓는 물에 넣고 끓어오르면 찬물을 1컵 부은 뒤 한소끔 더 끓인다. 다 익은 소면은 찬물에 헹궈 체에 밭쳐둔다.
6. 그릇에 소면을 담고 콩국물을 부은 뒤 4의 오이와 토마토를 얹는다.

아이주도이유식 후기 레시피

# 두부마요네즈

### 식물성 단백질 풍부

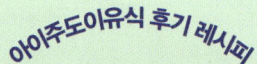

'밭의 고기'라고 불릴 만큼 식물성 단백질이 풍부한 두부는 소화 흡수율이 95%나 돼 단백질이 필요한 성장기 아이에게 좋은 식품이에요. 두부마요네즈로 만들어도 좋고 샐러드드레싱으로 먹어도 좋아요.

### 재료

- 두부 1/2모(200g)
- 모유(또는 분유물) 1/4컵(60mL)
- 깨 2큰술
- 레몬즙 1/2큰술

### 응용 레시피

- 꿀이나 올리고당 1~2큰술을 첨가하면 엄마, 아빠용 샐러드드레싱으로 제격이에요.
- 돌이 지나 두유를 먹일 수 있는 시기가 되면 모유나 분유물 대신 두유를 넣으면 더 맛있어요.

*1* 두부는 끓는 물에 1분간 데친다.

*2* 1의 두부를 체에 받쳐 물기를 뺀 뒤 모유(또는 분유물), 깨, 레몬즙을 넣고 섞는다.

*3* 2를 믹서에 넣고 걸쭉한 농도로 간다.

아이주도이유식 후기 레시피

# 사과잼

**다양하게 활용할 수 있는 잼**

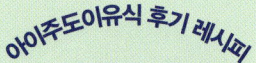

사과는 이유식 초기부터 먹일 수 있는 과일이지만 아직 이가 많지 않은 아이는 씹고 삼키기가 어려워 대부분 뱉어냅니다. 아이주도이유식 후기에는 사과를 모두 섭취할 수 있도록 홈메이드 식빵과 함께 설탕을 넣지 않아 건강한 사과잼을 곁들여주세요. 다른 잼보다 단맛은 훨씬 적지만 엄마, 아빠가 함께 먹어도 좋아요.

### 재료

- 사과 1/2개(100g)
- 레몬즙·시나몬 가루 1/4 작은술씩
- 한천가루 1/2작은술
- (과정 2) 물 1/4컵(60mL)

● 한천가루를 너무 많이 넣으면 젤리처럼 굳을 수 있어요. 작은 사과 1개에 1/2작은술이 적당해요.

*1* 사과는 껍질을 벗긴 뒤 반은 3mm 크기로 썰고 반은 믹서에 갈기 좋은 크기로 잘게 썬다.

    **tip** 고운 잼을 만둘고 싶다면 3mm 크기로 써는 과정은 생략하고 사과 1개를 모두 갈아서 만들어도 좋아요.

*2* 믹서에 1의 잘게 썬 사과와 물을 넣고 곱게 간다.

*3* 냄비에 1의 3mm 크기로 썬 사과와 2의 간 사과를 넣고 중불에서 끓인다.

*4* 거품이 올라오며 끓기 시작하면 레몬즙, 시나몬 가루, 한천가루를 넣고 약불로 줄인 뒤 주걱으로 저어가며 3~5분 더 끓인다. 사과잼이 완성되면 식혀 유리병에 옮겨 담는다.

아이주도이유식 후기 레시피

# 어린이 맥앤치즈

### 칼슘·미네랄 섭취

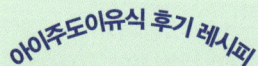

삶은 마카로니에 치즈 소스를 곁들인 그라탱의 일종, 아기맥앤치즈. 보통 마카로니와 치즈로만 만들지만 우리 아이가 먹을 요리이니 채소를 추가해 영양까지 챙기세요. 옥수수, 버섯, 브로콜리가 치즈 크림소스와 어우러져 맛이 일품이랍니다.

### 재료

- 마카로니 1/4컵(25g)
- 생크림 1/4컵(60mL)
- 옥수수 알 1/4컵(40g)
- 브로콜리 꽃송이 부분 1/4컵(55g)
- 어린이 치즈 1장
- 양송이버섯 2개
- 무염 버터 1.5 큰술
- 밀가루 1큰술
- 농도 조절용 모유(또는 분유물) 약간

### 응용 레시피

소금과 후추로 간을 맞추고 체더치즈를 추가하면 어른용 맥앤치즈가 완성돼요.

1  마카로니는 끓는 물에 약 7분간 삶은 뒤 체에 밭쳐 물기를 뺀다.

2  옥수수 알은 흐르는 물에 씻은 뒤 물기를 빼고, 양송이버섯과 브로콜리는 아이가 먹기 좋은 크기로 썬다. 치즈는 나중에 녹여 쓰므로 적당한 크기로 썬다.

3  브로콜리는 끓는 물에 1분간 데친다.

4  약불로 달군 프라이팬에 무염 버터 1큰술을 녹인 뒤 밀가루를 넣고 저어 루를 만든다.

5  4에 생크림을 넣고 고루 섞은 뒤 치즈를 넣어 녹이고 불에서 내린다.

6  다른 프라이팬에 남은 무염 버터를 넣고 양송이버섯을 볶는다.

7  양송이버섯의 숨이 죽고 갈색이 돌면 옥수수와 데친 브로콜리를 넣어 볶는다.

8  5에 삶은 마카로니와 볶은 채소를 넣고 섞는다.

*tip* 이때 크림소스가 너무 걸쭉하면 모유(또는 분유물)를 약간씩 추가하며 흐르는 농도가 되도록 맞추세요.

아이주도이유식 후기 레시피

# 어린이 버터

**방부제 걱정 없는 버터**

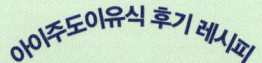

스튜를 만들거나 베이킹을 할 때 등 여기저기에 쓰이는 버터. 시중에서 쉽게 구할 수 있는 생크림 한 팩과 전동 거품기만 있으면 집에서도 손쉽게 만들 수 있어요. 시판 무염 버터와 맛이 거의 비슷해 어른 요리에도 사용 가능하답니다.

### 재료

○ 생크림 500mL 1팩
　(100% 동물성 유크림)

● 일반 버터는 개봉 전 실온 보관이 가능하지만 방부제가 들어가지 않은 버터는 실온에서는 금방 곰팡이가 필 수 있어요. 만든 후 반드시 냉장 보관하고 빠른 시일 내에 먹는 게 좋아요.

### 응용 레시피

여기에 소금 1작은술을 추가하면 어른용 버터가 됩니다.

1 큰 볼에 생크림을 붓고 거품기로 젓는다.

2 3분 정도 저으면 생크림이 액체가 아니라 어느 정도 묵직해지기 시작한다.

3 5분 이상 저으면 생크림이 아주 묵직한 크림 형태로 변한다.

4 10~15분 정도 저어 생크림이 노란빛을 띠며 몽글몽글한 입자가 생기고 물이 튀기 시작하면 멈춘다.

5 면포에 4의 생크림을 담아 물기를 꼭 짠다.
　tip 면포가 없으면 깨끗한 거즈 수건을 사용해도 좋아요.

6 5를 버터 모양으로 만들어 냉장 보관한다.

아이주도이유식 후기 레시피

# 어린이 케첩

**나트륨과 설탕 무첨가**

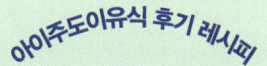

아이용 피자와 파스타를 만들 때나 디핑 소스 등으로 다양하게 활용할 수 있는 홈메이드 케첩을 소개합니다. 시중에서 파는 케첩은 맛은 좋지만 맛이 너무 강하고 나트륨이 많이 들어가 아이에게 먹이기엔 걱정스러워요. 하지만 집에서도 간단한 재료를 이용해 쉽게 케첩을 만들 수 있답니다. 어린이 케첩은 유아식에도 다양하게 활용 가능해요.

### 재료

○ 작은 토마토 3개(180g)
○ 레몬즙 1큰술
○ 녹말물 1큰술
　(녹말가루 1큰술+물 1큰술)

● 작은 크기 토마토는 3개, 중간 크기는 2개를 사용하세요.

### 응용 레시피

돌 이후에는 올리고당 1큰술을 추가해 신 맛이 줄어든 더 맛있는 케첩을 만들어주세요.

1. 토마토는 위쪽에 십자로 칼집을 낸 뒤 끓는 물에 30초간 데친다.
2. 데친 토마토는 껍질을 벗기고 잘게 다진다.
3. 다진 토마토는 믹서에 넣고 간다.
4. 3의 토마토를 냄비에 담고 레몬즙을 넣어 약불에서 끓인다.
5. 4가 끓어오르기 시작하면 녹말물을 넣고 걸쭉해지도록 저은 뒤 불을 끈다.

아이주도이유식 후기 레시피
# 페스토소스

**소화불량 개선**

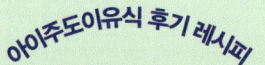

향긋한 바질 잎을 이용해 홈메이드 파스타 소스를 만들 수 있어요. 바질은 소화와 이뇨 작용을 돕고 머리를 맑게 하며 두통을 없애는 효과가 있다고 해요. 페스토 소스를 만들어두고 파스타나 쌀국수를 삶아 소스에 버무리기만 하면 금세 면 요리를 완성할 수 있어요. 아이가 먹기엔 향이 조금 강하다고 생각되면 바나나 1/2개를 소스에 섞어보세요. 냉장고에서 한 달 동안 보관 가능합니다.

## 재료

○ 바질 잎 50g
○ 잣 1/4컵(30g)
○ 올리브유 1/4컵(60mL)
○ 다진 마늘 1작은술

● 바질은 줄기 부분은 제거하고 잎만 사용해야 부드럽게 갈립니다.

● 바질 잎은 대형 마트에서 쉽게 구입할 수 있어요. 바질 대신 깻잎으로 페스토를 만들어도 좋아요.

● 과정 3에서 파르메산치즈 가루 3큰술, 소금 1작은술을 추가해 갈면 어른용 페스토 소스가 돼요. 소금은 취향에 따라 가감해주세요.

● 내열 유리병을 미리 소독해서 말려주세요.

1  바질 잎은 깨끗이 씻어 물기를 제거한다.

2  잣은 기름을 두르지 않고 달군 팬에 약 3분간 노릇하게 볶는다.

3  믹서에 바질 잎, 잣, 올리브유, 다진 마늘을 넣고 곱게 간다. 미리 소독한 병에 담는다.

> **tip** 소스를 유리병에 넣은 후 올리브유로 페스트소스 표면을 덮어 보관해야 곰팡이가 피지 않고 오래 보관할 수 있어요.

### 응용 레시피

**어른 식사 1_카프레제**
재료 : 생모차렐라치즈 1팩, 토마토 1개, 발사믹 글레이즈 약간, 페스토 소스 1큰술
1  모차렐라치즈와 토마토는 5mm ~1cm 두께로 썬다.
2  1의 치즈와 토마토를 옆으로 켜켜이 쌓은 뒤 페스토 소스와 발사믹 글레이즈를 뿌려 먹는다.

**어른 식사 2_부르스게타**
재료 : 바게트 1개, 토마토 2개, 양파 1/2개, 페스토 소스·설탕 2큰술씩, 올리브유 6큰술, 발사믹 식초 3큰술, 레몬즙 1큰술, 파슬리 가루·후추 약간씩, 소금 한 꼬집
발사믹 식초 대신 발사믹 글레이즈를 이용할 경우 양을 2큰술로 줄인 뒤 간을 보며 추가해주세요.

1  토마토와 양파는 잘게 다져 큰 볼에 섞는다.
2  페스토 소스, 올리브유, 발사믹 식초, 설탕, 레몬즙, 파슬리 가루, 소금, 후추를 섞어 양념을 만든 뒤 1과 섞는다.
3  바게트 위에 2를 올려 먹는다.

아이주도이유식 후기 레시피

# 프렌치토스트

**온 가족 아침 식사 대용**

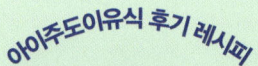

촉촉하고 든든하고 맛있게 먹을 수 있는 아침 식사 메뉴를 소개할게요. 식빵에 달걀과 우유를 더하는 것만으로도 일반 식빵과는 다른 촉촉한 프렌치토스트를 만들 수 있어요. 식빵은 홈메이드 쌀가루식빵이나 밀가루식빵을 이용하면 좋아요. 몇 가지 재료만 추가하면 엄마, 아빠의 든든한 아침 식사까지 책임져줄 거예요.

### 재료

- 식빵 1~2장
- 달걀노른자 1개
- 모유(또는 분유물) 80mL
- 무염 버터 1큰술
- 선택 재료 : 시나몬 가루

### 응용 레시피

- 빵을 다 구운 후 시나몬 가루를 살짝 뿌려 먹어도 좋아요.
- 메이플시럽과 슈거파우더, 시나몬 가루를 곁들이면 아침 식사 메뉴로 손색 없는 어른용 프렌치토스트가 됩니다.

1 달걀은 노른자만 분리한 뒤 모유(또는 분유물)와 섞는다.

2 식빵을 1의 달걀우유물에 담근다.

3 프라이팬에 무염 버터를 녹인 후 2의 식빵을 노릇하게 굽는다.

아이주도이유식 후기 레시피

# 토마토달걀파스타

**모든 영양소 풍부**

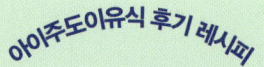

홈메이드 토마토소스를 이용해 토마토달걀파스타를 만들어보세요. 토마토와 달걀을 함께 사용해 서로 부족한 영양분을 보충할 수 있어요. 달걀에 부족한 비타민 C와 식이섬유를 토마토가 채워주고, 토마토에 부족한 단백질은 달걀이 채워줍니다. 파스타 면을 빼고 토마토달걀볶음으로 만들어도 좋아요.

**재료**

- 작은 토마토 2개(120g)
- 달걀 1개
- 파스타 면 한 줌(약 55g)
- 양파 40g
- 식용유 약간

**선택 재료**
- 어린이 케첩 1큰술(268쪽)
- 파슬리 가루 약간

**응용 레시피**

파스타 면 대신 쌀국수나 소면으로 만들어도 좋아요.

1. 토마토는 윗부분에 십자 모양으로 칼집을 낸 후 끓는 물에 30초간 데친다.
2. 데친 토마토는 껍질을 벗기고 잘게 다진다.
3. 달걀은 잘 풀어서 중불로 달군 프라이팬에서 스크램블에그를 만든다.(노른자만 사용해도 좋아요.)
4. 냄비에 물을 넉넉히 붓고 끓어오르면 파스타를 넣고 10분간 삶는다.
5. 프라이팬에 식용유를 두르고 잘게 다진 양파를 넣어 양파가 투명해질 때까지 3분간 볶는다.
6. 5에 다진 토마토를 넣고 물기가 조금 없어질 때까지 볶는다.
7. 6에 홈메이드 케첩을 넣고 섞는다.(생략 가능)
8. 5에 스크램블에그를 넣어 함께 볶는다.
9. 파슬리 가루를 조금 섞는다.(생략 가능)
10. 익은 파스타 면을 건져 7에 넣어 섞는다.

아이주도이유식 후기 레시피

# 당근사과스무디

### 눈 건강, 면역력 강화

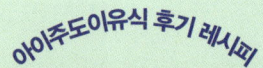

이유식을 하면 아이가 컵으로 물을 먹기 시작해요. 이 시기 아이들은 빨대를 이용해 마시는 걸 재미있어해요. 아이가 빨대 이용에 관심을 보인다면 빨대 사용 연습도 할 수 있도록 스무디를 만들어주세요. 눈 건강에 좋은 베타카로틴과 식이섬유가 풍부한 당근사과스무디를 컵에 담아주는 거예요. 당근사과스무디는 백혈구의 활동을 50%나 향상시켜 면역력을 높여준답니다.

### 재료

○ 사과 1/2개(100g)
○ 당근 35g
○ 물(또는 모유나 분유물) 1/4컵(60mL)

### 응용 레시피

어른이 마실 때는 꿀 1큰술을 추가하세요. 시원하게 먹고 싶을 때는 얼음을 함께 넣고 갈아도 좋아요.

1. 당근은 빨리 익도록 작게 썰어 찜기에 10분간 찐다.
2. 사과는 껍질을 벗긴 뒤 씨를 제거하고 잘게 썬다.
3. 믹서에 당근, 사과, 물을 넣고 간다.
   *tip* 물의 양은 원하는 묽기에 맞게 가감해주세요.

아이주도이유식 후기 레시피

# 아보카도바나나스무디

**식이섬유·칼륨 풍부**

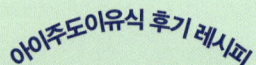

바나나는 칼륨과 식이섬유가 풍부해 몸에 좋지만, 돌 전 아이에게는 호불호가 나뉘는 과일이기도 해요. 바나나의 강한 향과 맛을 싫어하는 아이도 간혹 있답니다. 그럴 땐 당분 함량이 낮아 바나나의 맛을 중화시킬 수 있는 아보카도와 섞어 스무디를 만들어보세요. 바나나와 아보카도 모두 비타민이 풍부한 건강 과일이에요.

### 재료

- 아보카도 1개
- 바나나 1개
- 레몬즙 1큰술
- 모유(또는 분유물) 1/4컵(60mL)

### 응용 레시피

꿀 1큰술을 넣어 스무디를 만들면 엄마, 아빠의 아침 식사 대용으로도 훌륭해요.

1 아보카도는 반으로 잘라 씨를 제거한 뒤 속살만 파내고, 바나나는 껍질을 벗기고 썬다.

2 믹서에 모든 재료를 넣고 간다.
   tip 레몬즙 1큰술이 맛에 영향을 끼치진 않지만 아보카도와 바나나 모두 쉽게 갈변하므로 넣는 게 좋아요. 또 원하는 묽기에 따라 모유(또는 분유물)의 양을 늘려도 됩니다.

## 아이주도이유식, 서툴지만 스스로 알아가는 값진 경험

평소 아이의 식습관에 관심이 많아 이유식을 시작하기 전부터 건강한 식습관에 대한 다양한 자료를 찾아보았습니다. 그러다 아이주도이유식을 알게 되었습니다.

온유의 첫 이유식은 데친 브로콜리였습니다. 처음에는 호기심 가득한 눈으로 만져보고 탐색하더니 어느 순간 짜증을 내며 식사를 끝내버린 기억이 납니다. 그다음 날은 찐 단호박을 주었는데 구역질 반응을 보여 조금 놀랐지만 당황하지 않은 척 기다려보았습니다. 그러자 신기하게도 아이가 자신의 상태를 조절하며 여러 번 먹기를 시도했고, 구역질도 잦아드는 모습을 보였습니다.

이유식 초기에는 준비한 음식을 만져보지도 않은 채 울다가 끝난 적도 있고, 잘 먹던 음식을 거부한 적도 많았습니다. 하지만 저의 불안한 마음과 실망스러운 감정은 최대한 드러내지 않으면서 지속적으로 아이 스스로 먹고 싶은 것을 선택할 수 있도록 기회를 주었습니다. 식사 후에는 온유의 몸과 방바닥이 전쟁터를 방불케 했지만, 작은 온유의 몸부림이 기특해 즐거운 마음으로 씻기고 뒷정리를 할 수 있었습니다.

항상 일정한 시간과 장소에서 엄마, 아빠의 격려와 칭찬을 받으며 즐겁게 식사하는 온유를 볼 때면 엄마로서 정말 뿌듯하고 행복합니다. 사실 아이주도이유식을 시작하고 나서는 갈등의 연속이었습니다. 주변에서 모두 떠먹이는 이유식을 하는데, 우리 아이에게만 큰 채소 덩어리, 고기 덩어리를 주고 먹기를 기다리는 게 마냥 마음 편할 수는 없었습니다. 그러나 불안과 걱정이 없었다면 거짓말이지만, 음식 먹는 방법을 스스로 배워가는 아이, 골고루 잘 먹는 아이, 먹는 즐거움을 아는 아이로 커가는 온유를 보며 늘 아이주도이유식을 선택하길 잘했다고 생각합니다.

아이주도이유식에도 권태기는 옵니다. 그럴 때는 음식을 한꺼번에 주지 않고 아이가 선호하

지 않는 것부터 하나씩 주거나, 새로운 음식 플레이팅으로 호기심을 자극하는 것도 좋은 방법입니다. 아이주도이유식이 아니어도 아이는 때가 되면 스스로 잘 먹게 됩니다. 하지만 초기부터 부모와 한 식탁에서 같은 음식을 먹으며 서툴지만 혼자서도 할 수 있다는 것을 알아가는 건 정말 값진 경험입니다.

**궁금해요! 철분 섭취는 어떻게 했나요?**

아이주도이유식을 하면서 가장 염려했던 부분은 철분 섭취였습니다. 초기에는 덩어리진 고기를 제대로 먹을 수 없기 때문에 보완책으로 소고기진밥을 만들어주었습니다. 삶은 고기와 찐 채소를 잘게 다져 으깬 진밥과 섞어서 주는 간단한 방식이었습니다. 처음에는 손에 전해지는 질척한 느낌을 싫어했지만 시간이 지나면서 익숙해졌고, 진밥 안에 있는 소고기를 통해 철분을 충분히 섭취할 수 있었습니다. 진밥은 쌀을 물에 20분간 불린 뒤 1.5배의 물을 부어 전기밥솥에 지었습니다.

온유(29개월) 엄마
www.instagram.com/ohnew_blw

**BLW 체험기 2**

## 육아로 힘든 엄마에게 행복한 식사 시간을 만들어주는 착한 이유식

아이가 생후 4개월이 지날 무렵 이유식 관련 정보를 검색하다 아이주도이유식을 알게 되었어요. 새로운 이유식 방식에 흥미를 느껴 관련 도서를 읽고는 아이주도이유식을 해야겠다는 확신을 가졌습니다. 이유식 초기에는 아이가 음식을 입으로 가져가지 못해 제 도움이 조금 필요했지만, 정해진 시간마다 자리에 앉혀놓고 음식을 주자 아이도 점차 식사라는 것을 인지하고 제대로 먹기 시작했습니다. 시간이 지나 음식을 다루는 기술이 늘고 자신감이 생기자 얏삐가 식사 시간을 진심으로 즐기고 있다는 것이 느껴졌습니다.

아이주도이유식은 아이가 얼마나 먹고 있는지 가늠하기 어렵다는 단점이 있습니다. 그래서 저는 항상 음식을 넉넉하게 준비해 충분히 주었어요. 그러면 아이는 음식을 탐색하고 가지고 놀다 자신이 원하는 만큼 먹었어요. 배가 부른 것 같거나 싫어하는 음식이 있을 때는 억지로 먹이지 않았습니다. 그렇게 두 달쯤 흐르자 먹는 양이 확연히 늘어 보충 수유를 서서히 줄였고, 일반적으로 후기 이유식을 먹는 시기부터는 아이주도이유식만으로 충분히 배부르게 먹었어요. 수치로 따지면 대략 200~250mL 정도일 것 같아요.

아이주도이유식을 시작하고 처음 맞은 명절, 시부모님은 죽이 아닌 덩어리 채소와 고기로 이유식을 준비하는 저를 보고 의아해하셨어요. 하지만 얏삐가 자기 자리에 앉아 능숙하게 먹는 모습을 보고는 이내 환한 미소를 지으시며 신기해하고 즐거워하셨습니다. 이후 아이가 먹기 좋은 채소들을 집으로 보내주며 응원하셨고, 지금도 정말 잘 먹는 아이로 키웠다며 좋아하세요.

아이주도이유식을 하며 제가 가장 중요시한 것은 믿음이었습니다. 아이가 제대로 먹고 있는지, 혹여 목에 걸리진 않을지, 영양 상태는 괜찮을지 계속 우려하고 흔들리면서도 아이 스스로 해낼 거라는 믿음만은 잃지 않으려고 노력했어요. 버리는 음식도 많았고 구역질 반사에 놀란 날도 있었지만, 결국 스스로 주도해서 음식을 먹는 아이를 보며 제 선택이 틀리지 않았다는 뿌듯함을 느낍니다. 그 덕에 이유식 이외의 부분에서도 아이를 신뢰하고 다양한 기회를 주는 여유가 생겨 결과적으로 아이와 엄마 모두에게 잘한 일이라고 생각해요.

지금 아이주도이유식을 망설이는 분이 있다면 꼭 시도해보라고 권해드립니다. 부끄럽지만 엄마인 저는 평소 못 먹는 음식이 많아 아이 이유식에 더 신경을 썼거든요. 얏뻬는 처음부터 다양한 음식의 맛과 질감을 느끼며 먹는 법을 배워서인지 먹는 즐거움도 알고 새로운 음식에 대한 거부감도 없답니다. 그래서 지금은 아이가 저보다 더 많은 음식을 잘 먹어요. 외식을 할 때도 아이와 함께 먹을 수 있으니 저희 식사를 방해받지도 않아 행복한 식사가 가능합니다. 아이주도이유식을 하면 육아로 힘든 엄마들이 조금이나마 편안한 식사 시간을 가질 수 있을 거예요.

으댱, 얏뻬(16개월) 엄마
blog.naver.com/bloodgackt

## 아이가 있는 집에서도 평화로운 식사가 가능해집니다

요리에 재주가 없고 초보 엄마인 제가 부푼 꿈을 안고 밤새 만든 초기 이유식! 당시 6개월이었던 제 아들 베리는 미음을 입이 아니라 온몸으로 먹었습니다. 숟가락을 뺏기 위한 실랑이가 벌어지고, 결국 순둥이 아들이 울고불고 끝나는 날들이 이어졌어요.

그렇게 며칠을 보내고 나니 정신이 번쩍 들더군요. 이건 아니라는 생각이 들었습니다. 임신했을 때 블로그에서 본 아이주도이유식이 떠올랐어요. 그래서 아이주도이유식을 했던 쌍둥이 엄마에게 조언을 구했더니 고맙게도 그때 참고했던 거라며 아이주도이유식 책과 함께 방수 턱받이를 보내주셨어요. 그때만 해도 인터넷상에서 아이주도이유식에 대한 정보를 많이 얻을 수 없었기에 책을 많이 의지했습니다.

아이주도이유식이 위험하진 않을까 걱정하며 처음부터 차근차근 공부해나가던 차에 베리가 지독한 감기에 걸리고 말았습니다. 물을 많이 먹이라는 의사 선생님의 말을 듣고 처음으로 과즙망에 과일을 넣어 줬는데 잘 안 먹더라고요. 그래서 시험이나 해볼까 하는 마음으로 수박, 배 등 수분이 많은 과일들을 그냥 스틱 형태로 잘라 쥐여줬더니 아이가 너무 좋아하며 먹기 시작했어요. 아이는 책에서 본 이론들을 그대로 증명해 보이듯 이 대신 잇몸으로 과일을 짓이겼고, 씹어도 덩어리가 큰 건 입 밖으로 뱉어내고, 삼키려다 '우웩' 구역질 반사를 보이기도 했습니다.

그때 이후로 본격적인 아이주도이유식을 시작해 우리의 식사 시간은 평화로워졌습니다. "한 입만~ 한입만 더~" 하며 애걸복걸하지 않아도 되는, 아이가 하고 싶은 대로 하고 먹고 싶은 만큼 먹는 즐겁고 재미있는 식사 시간이 되었지요. 밥 먹는 시간이 새로운 장난감을 가지고 노는 것만큼이나 재미있는 시간이 된 거예요. 처음에는 먹는 것보다 흘리는 게 더 많아 치우는 게 일이었지만 그건 남편의 적극적인 도움으로 극복할 수 있었습니다. 처음에는 브로콜리, 당근, 가지, 단호박 등 간단한 재료로 시작했지만 아이 아빠와 함께 메뉴도 고민하고, 요리 잘하는 아빠

가 뚝딱뚝딱 만들어주기도 하면서 식단도 더욱 풍성해졌어요.

이제 16개월이 된 베리는 또래 아이들보다 소근육이 잘 발달해 숟가락질, 포크질, 게다가 얼어걸린 젓가락질까지 흉내 내고 있답니다. 직접 숟가락으로 음식을 떠서 흘리지 않고 입에 넣으면 성취감에 신나하며 물개박수를 치고요. 그리고 아주 어릴 때부터 엄마, 아빠와 같은 밥상에서 직접 먹는 연습을 해서인지 뭐든 도움 없이 직접 해보려는 도전 정신이 강한 아이가 되었어요. 유아식을 먹는 요즘도 여전히 가리는 음식 없이 잘 먹는 걸 보면 참 대견해요.

저는 이 모든 것이 아이주도이유식의 결과라는 생각이 들어 주변 사람들에게 아이주도이유식을 적극 권유한답니다. 하지만 돌발 상황이 응급상황으로 이어질 수도 있고, 아이의 성향이 다를 수도 있으므로 미리 아이주도이유식에 대해 공부하고 접근하시길 권합니다. 그리고 옷에 물들면 잘 지워지지 않는 식재료들이 제법 있어 동생들에게 물려줄 내복이 없는 건 슬픈 뒷이야기랍니다. 하지만 새 옷은 언제든 사줄 수 있으니 잘 먹고 건강하게만 큰다면 얼마나 좋은 일인가요. 엄마와 아이 모두 즐거운 식사 시간, 아이주도이유식으로부터 시작됩니다.

쑤리, 베리(16개월) 엄마
www.instagram.com/ssooriiii  blog.naver.com/dailyssoorii

## 요리 찾아보기 (가나다순)

### ㄱ

| | |
|---|---|
| 가지스틱 | 42 |
| 가지전 | 104 |
| 감자달걀샐러드볼 | 188 |
| 감자당근매시스틱 | 54 |
| 감자미음 | 84 |
| 감자버섯전 | 106 |
| 감자브로콜리치즈구이 | 108 |
| 감자스틱 | 42 |
| 감자시금치케이크 | 110 |
| 감자양파오믈렛 | 190 |
| 감자오이달걀볼 | 112 |
| 감자치즈볼 | 114 |
| 감자피자 | 192 |
| 게살케이크 | 194 |
| 고구마두부브로콜리볼 | 116 |
| 고구마말랭이 | 118 |
| 고구마미음 | 84 |
| 고구마분유쿠키 | 196 |
| 고구마사과구이 | 62 |
| 고구마스틱 | 42 |
| 고구마채소볼 | 120 |
| 고구마치즈볼 | 122 |
| 고구마티딩러스크 | 64 |
| 고구마피자 | 198 |
| 귤푸딩 | 200 |

### ㄷ

| | |
|---|---|
| 단호박구이 | 202 |
| 단호박미음 | 86 |
| 단호박브로콜리매시스틱 | 56 |
| 단호박스틱 | 43 |
| 단호박쌀가루볼 | 58 |
| 단호박양갱 | 124 |
| 단호박찐빵 | 204 |
| 달걀감자죽 | 168 |
| 달걀과자 | 126 |
| 달걀찜 | 128 |
| 닭고기스틱 | 41 |
| 닭고기죽 | 174 |
| 당근미역생선죽 | 170 |
| 당근사과스무디 | 276 |
| 당근설기 | 66 |
| 당근스틱 | 43 |
| 당근쌀국수 | 68 |
| 당근오트밀프리터 | 130 |
| 당근전 | 106 |
| 당근케이크 | 206 |
| 대추차 | 164 |
| 동그랑땡 | 208 |
| 두부과자티딩스틱 | 210 |
| 두부구이 | 132 |
| 두부마요네즈 | 260 |
| 두부브로콜리죽 | 172 |
| 두부소고기채소전 | 134 |

### ㄹ

| | |
|---|---|
| 렌틸콩전 | 212 |
| 미트볼 | 214 |

## ㅂ

| | |
|---|---|
| 바나나티딩러스크 | 70 |
| 바나나푸딩 | 136 |
| 버섯뇨키 | 138 |
| 버섯스틱 | 43 |
| 버섯애호박전 | 216 |
| 브로콜리감자수프 | 90 |
| 브로콜리스틱 | 44 |
| 브로콜리전 | 106 |
| 브로콜리치즈감자그라탱 | 140 |
| 브로콜리키시 | 218 |
| 브로콜리토츠 | 220 |
| 블루베리머핀 | 222 |
| 비트쌀국수 | 224 |

## ㅅ

| | |
|---|---|
| 사과머핀 | 226 |
| 사과잼 | 262 |
| 사과티딩러스크 | 72 |
| 사과푸딩 | 142 |
| 사과퓌레 | 92 |
| 삼색주먹밥 | 228 |
| 새우채소완자 | 230 |
| 셀러리스틱 | 45 |
| 소고기굴림만두 | 78 |
| 소고기밥전 | 234 |
| 소고기브로콜리콩나물무른밥 | 236 |
| 소고기스틱 | 41 |
| 소고기애호박전 | 232 |
| 소고기완두콩스틱 | 60 |
| 소고기죽 | 174 |
| 소고기파전 | 238 |
| 시금치달걀미니머핀 | 144 |
| 시금치파스타 | 240 |
| 시금치프리타타 | 242 |
| 쌀가루식빵 | 74 |
| 쌀가루팬케이크 | 146 |
| 쌀미음 | 82 |
| 쌀빵티딩스틱 | 76 |

## ㅇ

| | |
|---|---|
| 아기달걀찐빵 | 148 |
| 아기배숙 | 80 |
| 아보카도바나나스무디 | 278 |
| 아보카도배아이스크림 | 150 |
| 아보카도치즈퀘사디아 | 246 |
| 아스파라거스달걀말이 | 244 |
| 애호박미음 | 88 |
| 애호박스틱 | 44 |
| 애호박프리터 | 152 |
| 양배추당근콩나물무른밥 | 236 |
| 어린이맥앤치즈 | 264 |
| 어린이버터 | 266 |
| 어린이식빵 | 248 |
| 어린이케첩 | 268 |
| 에그그라탱 | 154 |
| 연어케이크 | 250 |
| 오이스틱 | 45 |
| 오트밀블루베리바나나머핀 | 156 |
| 옥수수빵 | 252 |
| 완두콩퓌레 | 92 |
| 요구르트스콘 | 254 |

| | |
|---|---|
| 채소치킨너겟 | 158 |
| 치킨누들수프 | 176 |
| 치킨핑거 | 256 |

| | |
|---|---|
| 코티지치즈 | 166 |
| 콜리플라워스틱 | 44 |
| 콩국수 | 258 |
| 퀴노아달걀말이 | 160 |

| | |
|---|---|
| 토마토달걀파스타 | 274 |
| 토마토버섯볶음 | 162 |
| 파프리카스틱 | 45 |
| 페스토소스 | 270 |
| 프렌치토스트 | 272 |